战时日本的媒体组合

《翼赞一家》与社会动员

大塚英志 著

彭雨新 译

生活·讀書·新知 三联书店

Simplified Chinese Copyright © 2023 by SDX Joint Publishing Company.
All Rights Reserved.

本作品简体中文版权由生活·读书·新知三联书店所有。
未经许可，不得翻印。

图书在版编目（CIP）数据

战时日本的媒体组合：《翼赞一家》与社会动员 /
（日）大塚英志著；彭雨新译. -- 北京：生活·读书·
新知三联书店，2023.6
ISBN 978-7-108-07577-2

Ⅰ.①战… Ⅱ.①大… ②彭… Ⅲ.①传播媒介-发展-日本-文集　Ⅳ.① G219.313-53

中国版本图书馆 CIP 数据核字 (2022) 第 224867 号

策划编辑	叶　彤
责任编辑	黄新萍
装帧设计	薛　宇
责任校对	陈　明
责任印制	卢　岳
出版发行	生活·讀書·新知 三联书店 （北京市东城区美术馆东街 22 号 100010）
网　　址	www.sdxjpc.com
图　　字	01-2020-7099
经　　销	新华书店
制　　作	北京金舵手世纪图文设计有限公司
印　　刷	三河市天润建兴印务有限公司
版　　次	2023 年 6 月北京第 1 版 2023 年 6 月北京第 1 次印刷
开　　本	880 毫米 × 1230 毫米　1/32　印张 9.25
字　　数	138 千字　图 188 幅
印　　数	0,001-3,000 册
定　　价	59.00 元

（印装查询：01064002715；邮购查询：01084010542）

目 录

序　章　有一部漫画叫《翼赞一家》—— 1
第一章　大政翼赞会的媒体组合 —— 17
第二章　作为故事背景的"街道"世界 —— 55
第三章　业余"素人"们的创作 —— 105
第四章　从"邻组"到"微笑共荣圈" —— 145
第五章　手冢治虫也画过《翼赞一家》？—— 183

附　论 —— 221

可东己之助的命运 —— 223
　　——抗战时期的编辑及其生活

"外地"的《翼赞一家》—— 255
　　——以抗日战争时期的华北地区和日据时期的朝鲜为例

中文版后记 —— 289

序章 有一部漫画叫《翼赞一家》

"二战"时期日本有一部漫画叫《翼赞一家》。该漫画从1940年底开始在诸多报纸、杂志上连载,还出了几册单行本,也曾改编成唱片、广播剧和小说。用现在的话来讲就是一部媒体组合(Media Mix)的作品。

本书即思考《翼赞一家》的媒体组合问题。

诚然,单就漫画作品而言,将其改编为电影、动画片或其他媒体形式的先例至少可以追溯到日本的大正时代。下川凹天创作的《凸坊新画帖芋助猪狩之卷》被称为第一部日本国产动画片,公映于1917年(大正6年)。然而,该作品的名字实际上源于明治末期北泽乐天创作的报纸漫画中"凸坊"这一人物角色。而"凸坊新画帖"一词在当时的日本就意味着"动画片"。

大正时代后期,由织田小星创作、东风人(桦岛胜一)绘制的漫画《小正的冒险》在《朝日画报》《朝日新闻》上开始连载,并陆续出版了七卷单行本。不仅如此,《小正的冒险》还由宝塚少女歌剧团进行了舞台剧改编,后来被制作成动画片并发售角色周边商品,形成了各种形式的媒体组合。该漫画的主人公小正所戴的帽子——"小正帽"也备受观众欢迎。此外,田河水泡的《狗仔爷爷》系列漫画中的《狗仔爷爷二等兵》(1935年)等也被改编成动画作品。

诸如此类同一内容在各种媒体形式之间相互移植的情况,在动画片或电影问世之前就已出现。如明治时期尾崎红叶的小说《金色夜叉》，它在1898年被川上音二郎的剧团搬上舞台，此后该作品在舞台上经久不衰。将畅销小说搬上舞台是当时演艺界的铁律。在电影问世之后更是如此，从大正时期到战时首屈一指的流行作家菊池宽，他的原作小说被改编成电影的据说共有102部之多。这些由菊池宽小说所改编的电影被称为"菊池物"[1]。然而，本书并不想将这种单纯的移植为多种媒体形式的现象称作"媒体组合"。笔者认为在媒体组合行为中必须包含三个方面：对于某作品的多媒体展开进行顶层设计的一方、管理及具体实施的一方，以及具有实施媒体组合的明确意图。因为"媒体组合"无论是非对错，其本质上是一种鼓动他人思想、行动的战略行为。

因此，本书将考察《翼赞一家》这部漫画作为一种战时政治动员的手段，在当时怎么被有意塑造、设计成了一部"媒体组合"的作品。它与此前发生的多媒体改编的作品相比，主要有以下三点不同之处：

第一，《翼赞一家》是从最初就设计好要进行多媒体改编的作品。也就是说，从一开始它就是一份"媒体组合策划案"。《翼赞一家》系列，包括同名漫画或小说等，并不是在某种媒体形式上的"原作"大受欢迎之后，才开始借助原作的人气展开动画片、电影、舞台剧等形式的二次创作，而是在一开始就准备推行多种媒体形式组合的作品，并将角色、舞台等元素设计好，事先展示给受众。用现在的话来讲，就是在具体的作品公之于众前，负责"顶层设计"的宣传部门就已经开始在各大报章上广泛宣传该作品的角色设定和故事背景了（图1）。通过这种形式展示设定的角

---

[1] 志村三代子：《电影人·菊池宽》，藤原书店，2013年。

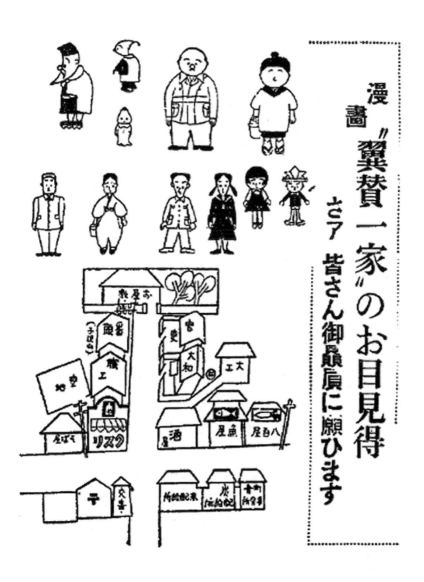

图1 《读卖新闻》东京版,1940年12月5日

色和故事,并与多个制作方共享,从而同步制作了各种各样的漫画、舞台剧、唱片、木偶剧、连环画剧、广播剧、浪花调歌曲等作品,由此实现在众多媒体形式中铺展开来的目的。因此,在这种创作范式中根本不存在所谓的"原作"。不同的制作者可以在设计好的"人物角色"和"故事设定"的范围内开展自由创作。

关于该问题的详细讨论我们将在第二章中深入。1940年12月以后,仅仅在日本国内,就有《朝日新闻》《读卖新闻》《大阪每日新闻》《每夕新闻》《国民新闻》五家报纸连载了六种《翼赞一家》系列漫画。此外,还有《朝日画报》《写真周报》等近十种周刊杂志也进行了连载,甚至还有专门刊发《翼赞一家》的杂志。这些作品中包含了著名漫画家长谷川町子的早期习作。在长谷川町子的作品中出现了形似"矶野裙带菜"的人物角色,因此该作品曾一度被视为其《海螺小姐》的早期原型。

在书籍方面也发现了《翼赞一家》的创作,有相关绘本和漫画单行本共四册,当中既有独著也有合著。令人惊讶的是,其中一本书的作者是后来创作漫画《新宝岛》的漫画家酒井七马(图2)。这些漫画作品根据媒体形式的不同,作者也均不相同,其中多是以《翼赞一家》中某个特定角色为主人公展开的创作。还有一些报刊连载作品或单行本则是多名漫画家轮番绘制的竞赛之作。

不仅是漫画,当时可以想见的所有媒体形式都被纳入到联合推广的策划案中,包括录制唱片(图3)、改编舞台剧和制作广播剧,以及虽然未能实现却已提上日程的东宝公司电影策划案,还有读卖新闻社电影部为制作动画电影而开展的剧本征集活动等(图4)。此外,《翼赞一家》还写成了小说(图5),编成了戏曲,出版了木偶剧本(图6)。除此之外,由落语家柳家金五楼创作了《新作落语 翼赞一家的棒球》,由浪曲家春日井Okame录制了浪花调唱片《浪曲大和一家》。另外还有连环画剧（图7）、川柳、玩具、角色周边商品（图8）和商业广告（图9）等一系列周边创作。

在本书第四章中我们将看到，以上跨媒体制作其实不局限于日本国内，在中国台湾、上海、伪满洲国等区域也有涉及。像这样跨领域、跨地域的媒体组合，开始实施于1940年这个时间节点上。

第二，在这项跨媒体制作活动中，设计者非常鼓励民众的"二次创作"。换言之，根本就不存在一个所谓"原创作者"的概念。《朝日新闻》东京版的连载从一开始就是在公开角色和舞台设定的基础上广泛征集的读者投稿（图10）。动画片的脚本也是从业余爱好者中公开征集而来的。获奖者的照片下面写着这样的介绍："现为与父亲一起从事粉刷行业的、爱好文学的青年。"（图11）在舞台剧方面，与专业剧团的公演不同，《翼赞一家》由包含业余演员、业余木偶制作者的创作群体进行制作，最后形成了供业余爱好者演出的剧目以及木偶剧的脚本。

喜剧演员古川绿波演唱的歌曲《歌唱大和一家》，在由业余演员演出《翼赞一家》相关的舞台剧、木偶剧时发挥了片尾主题曲或歌舞秀曲目的作用。另外，以《翼赞一家》为题材创作的川柳也是一种大众文艺形式。《翼赞一家》虽然也有很多职业漫画家、喜剧演员等参加，但从其媒体组合的顶层设计上来讲，它是一种可以完全由业余创作者独立创作的形式。"素人"[1]可以作为"作者"充分参与到漫画等各种媒体形式的创作中来。也就是说，《翼赞一家》的媒体组合刻意将专业人士与业余人士的界线模糊化，这是它的一大特征。

---

1 普通人、业余爱好者，与专业人士、专职人员相对。——译者注

图2 酒井七马：《翼赞新体制漫画》，1941年3月15日，爱国出版社

图3 大政翼赞会宣传部监制：《新体制家庭领唱（大和一家之歌）》，1941年3月，哥伦比亚唱片公司

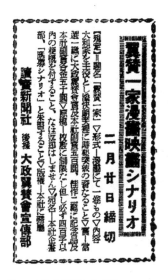

图4 《读卖新闻》东京版，1941年1月28日

图5 南达彦：《幽默小说 大和一家物语》，1941年，东成社

图6 松叶重庸：《翼赞木偶剧教程（剧本集）》，1942年7月15日，艺术学院出版部

图7 高桥五山:《翼赞一家·阿三卷》,1941年3月30日,全甲社连环画剧刊行会

图8 "翼赞一家"拍画,兵库县立历史博物馆藏

图9 狮王牌牙膏广告,《大陆新报》,1941年2月26日

战时日本的媒体组合

漫畫 "翼賛一家"を募る

賑かな笑ひのうちにも翼賛運動――と大政翼賛會では漫畫「大和一家」を發表して今後新聞、雜誌その他に掲げるところにこの一家が顔を出すことになりました。（第七面の記事參照）

そこで家庭面でも、この愉快で元氣な一家の人人を登場させて、翼賛する姿の百態を皆さんに描いて頂きたいと思ひます。皆さんの日常生活から拾つた新体制風景その他の思ひつきを漫畫に描いて投稿願ひます。顔を描く時に夫婦は円形、祖父母は三日月、長男長女は四角、次男次女は三角、三男三女は円形、幼児はドングリ形、これが特徴です。

應募規定

▼人物の配合は適宜選擇すること
▼墨一色に限る（筆又はペン）
▼投稿には必ず住所氏名を明記、送り先は朝日新聞東京本社學藝部宛
▼締切日は設けず
▼紙上掲載の分に謝禮を呈す

图10　《朝日新闻》，1940年12月5日

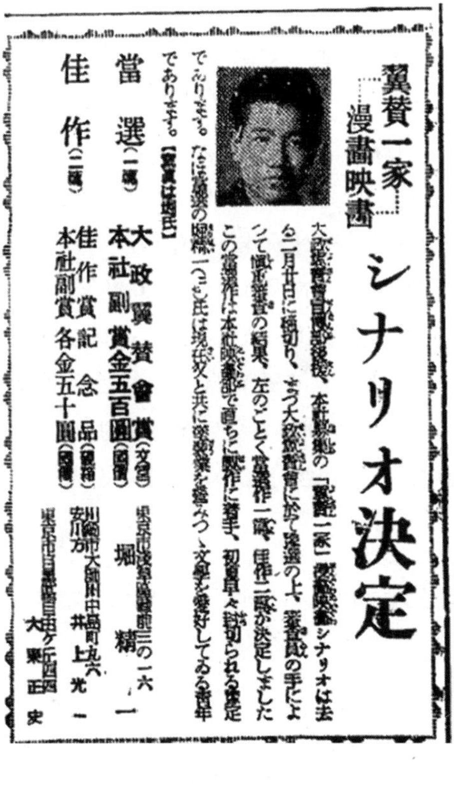

翼賛一家 漫畫映畫 シナリオ決定

大政翼賛會宣傳部後援、本社募集の「翼賛一家」漫畫映畫シナリオは去る二月廿日に締切り、まづ大政翼賛會に於て豫選の上、[illegible]氏の手によつて慎重審査の結果、左のごとく當選作一篇、佳作二篇が決定しました。この當選作は本社映畫部で直ちに製作に着手、初夏早々封切られる豫定であります。なほ當選の堀精一（二七）氏は現在父と共に家業を營みつゝ文學を愛好してゐる青年であります。【寫眞は堀氏】

當選（一篇）　大政翼賛會賞（文官）本社副賞金五百圓（國債）　東京市[illegible]三の一六　堀精一

佳作（二篇）　佳作賞記念品（[illegible]）本社副賞各金五十圓（國債）　川崎市大師[illegible]中島町九六 安川方　井上光一
東京市[illegible]自由ケ丘四四　大[illegible]正史

图11　《读卖新闻》，1941年3月2日

第三，像这样包含二次创作的跨媒体制作现象，其"版权"并不在"原作者"手中，而是由第三方进行统一管理。从而形成了一个"版权"独立于各个制作方，且由固定机构统一管理的机制。各个制作方在得到版权机构的授权后，才可以创作《翼赞一家》的漫画或其他多媒体作品。

作为角川媒体组合的起源

如此从一开始就设计好要推行多媒体展开，并鼓励大众进行二次创作，且由第三者管理版权的模式，与现代"媒体组合"的商业模式是完全一样的。对于当代年轻人来讲，以这样的模式制作漫画、动画、游戏可能才是相对普遍且理所当然的。这种模式下的"二次创作"不属于盗版行为，在版权商允许的前提下，商业出版、同人志活动都是得到支持和鼓励的。一部作品并非是漫画等"原作"大受欢迎之后，才开始着手改编成动画片或电影，而是从一开始就是为了推行媒体组合，先设计好人物角色及舞台设定（或者称之为"世界观"），再在各个媒体、终端上推出具体的作品。《翼赞一家》正是在这样一种模式下诞生的。（图12）

人们普遍认为，现在这种形式的媒体组合是20世纪80年代后期由日本角川书店创造的商业模式。而我本人也曾是参与"创造"该模式的当事人之一。以下信息是我自己成了北美学者马克·斯蒂伯格（Marc Steinberg）的研究对象后才得知的。[1] 在此之前，我一直认为这种模式是我们在20世纪80年代首创的，然而

---

[1] 马克·斯蒂伯格著，大塚英志监修，中川让译：《为何日本是"媒体组合"之国》，角川学艺，2015年。

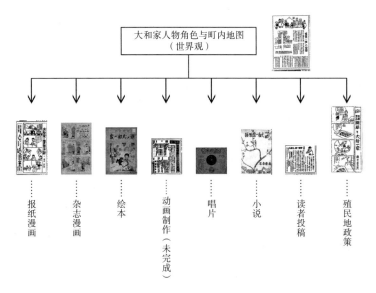

图12 《翼赞一家》媒体组合展开图

令人震惊的是,这种模式其实在战时就已经存在了。

但是,《翼赞一家》与从20世纪80年代起至今延续的角川式媒体组合有一个决定性的差异。那就是《翼赞一家》的媒体组合是一种战时政治宣传,也就是一种翼赞体制总动员的工具。此外更重要的是,《翼赞一家》的"版权"管理者是大政翼赞会。

长期以来被我自认为是我们首创的媒体组合的手法,其实与战时的媒体组合是同一模式,对此我毫不自知。另外,角川书店这种鼓动读者去看电影、去买周边的技术手段,实际上与翼赞会动员国民参与战时体制、上战场打仗的技术是"一样的"。

原本"宣传"(propaganda)一词在战时就不是指商业广告或市场技术,而是指政治宣传。此外,很多证据和研究指出,战后宣传技术的基础其实是战时构建的。在我们热衷于实践"媒体组合"的20世纪80年代,参与项目的相关人员却没有一个人知道《翼赞一家》这部作品。当时我们曾计划推出支持北美游戏系统的新媒体形式。关于这一计划有相关的研究项目收集了参与人员的证词,有兴趣的读者可以参看《〈罗德斯岛战记〉及其时代——黎明期的角川媒体组合证言集》[1]。

现在想来,从另一方面来讲,这也可以说是对当时还未成形的 SNS[2] 时代及此后媒体的存在方式的一种预见。现在的角川式媒体组合管理着作为"社交网络发言"场域的媒体平台,表面上保证着言论的自由,因此角川也变成了一个平台企业。如今在社交网络中发表言论已成为人们日常与媒体交流的一种惯常行为,我们似乎已经迎来了一个谁都可以自由地发送信息、表达意见、表现自我的新时代。

然而,在媒体上,我们是真的"自由"表达了吗?在平台上"发表言论"已经日常化的今天,"表达者"实际上是否在不知不觉中"被表达"了呢?因为角川式、SNS式的平台是靠着"让用户表达"才得以确立的商业模式。实际上我们是否反而通过平台企业"被发言"或"被表达"了呢?

在考虑这些当下的问题时,手冢治虫以下的证言尤为重要。被看作是缔造了战后漫画之基础的手冢治虫曾经说,他自己的漫画处女作是《翼赞一家》。对此,他留下了以下证言:

> 就我而言,则是大政翼赞会的《桃太郎》。当时再生纸的质

---

[1] 安田君、水田良等监修,马克·斯蒂伯格编,大塚英志、谷岛贯太、泷浪佑纪,角川文化振兴财团,2018年。
[2] Social Networking Services,社会性网络服务或社交网络服务。——译者注

量很差,有个叫《翼赞一家》的是吧?就是那个。

(手冢治虫、马场登等座谈会,《民话》昭和30年5月号上的发言)

  如果手冢此处的发言可信的话,那么他的处女作并非战后的《新宝岛》,而是在1944年由"大阪的书店"刊发的《翼赞一家》,当时他应该才十几岁。与此同时,酒井七马也是《翼赞一家》的作者之一。这样看来,被奉为战后漫画出发点的神话级漫画《新宝岛》,它的两位作者均参与过《翼赞一家》的媒体组合创作。

  虽然客观上讲,本书实际上并没有直接找到传说中的手冢治虫画的《翼赞一家》,但是,手冢治虫在战时确实画过《翼赞一家》的这一结论从另一个角度得到了证实。

  那么,为什么手冢治虫会画《翼赞一家》呢?

  我认为这恰恰证明了谁都可以投稿和表达的时代在战时就已悄然开启,战争时代就已经形成了这样的表达环境。并且,该环境创造于"媒体组合"的框架之内。

  在战争时代并没有"媒体组合"(Media Mix)这种便捷的日式英语词。因此迄今为止,几乎没有研究从媒体组合的视角分析过战时的政治宣传。所以,无论从动漫粉丝的角度,还是从学术研究的层面上,"媒体组合"总给人一种战后新现象的感觉。然而,从媒体组合的视点重新审视战时政治宣传时,确实能看到很多新的问题。且这些问题与"现在"的情况惊人地高度重合。

  这正是我写作此书的真正动机。

第一章 大政翼赞会的媒体组合

本章将以《翼赞一家》为材料,对战时媒体组合的实施方法进行整体概览。

战时的"宣传",也就是前文所述的政治宣传有以下两个特征:第一,将同一素材在多种媒体上同时使用;第二,为此设立统一的版权管理机构,而《翼赞一家》当然也符合这两点特征。其中,最显著的特征就是《翼赞一家》受管理机构的统一管理,而这个机构既非出版社也非电影公司,而是一个名为"大政翼赞会"(下文中也简称为"翼赞会")的政治性组织。

普通民众第一次看到《翼赞一家》的公告,是在1940年12月5日的《朝日新闻》《读卖新闻》《大阪每日新闻》等各大报纸的晨报版面上。当时日本的报纸,如《朝日新闻》,都会有东京本社、大阪本社、中部本社、西部本社四个报社的版本,而当时四个版本的报纸都以相差无几的文字刊载了《翼赞一家》的公告。《读卖新闻》《每日新闻》也都是如此。在可考的范围内,笔者同样发现(中国)台湾的报纸也刊登了几乎同样的报道,仅是字句有些许差异。也就是说,在囊括了日本"内地"(本土)、"外地"(殖民地)的广大范围内,作为宣告漫画《翼赞一家》正式开始的策划报道,一口气同时展现在读者面前。

在此,笔者选取了所有报道中最为详细的《朝日新闻》大阪本社版,将公告全文引用如下:

为了通过漫画进行翼赞运动的启蒙宣传，翼赞会宣传部与新日本漫画协会共同创作了《翼赞一家》，并设计了各种策划案。四日，确定了"大和家"的名字，家庭成员也济济一堂，初次登台，终于从本月开始在广告、杂志、报纸中与大家见面了。大和一家的成员有：

一家之主　赞平（48岁）　某中学的体操教师

妻子　多美（45岁）　传统型的贤妻良母

爷爷　武士（77岁）　武士道精神的保持者

奶奶　富士（70岁）

长子　勇（25岁）　大专毕业的公司职员

长女　樱（21岁）　女校毕业　正在学习做一位新体制下的新娘　容貌姣好

次子　二郎（20岁）　某大学学生

次女　节（17岁）　女校学生

三子　三郎（12岁）　小学生

三女　稻子（8岁）　小学生

四女　昭子（2岁）　婴儿

除了这11人的大家庭外，还有小狗（八公）、小猫（阿虎）和三只鸡登场。

这热闹的一家人，早上会先在家主赞平的带领下做健康的广播体操。然后在漫画家协会60多名漫画家的创作下自由开展各种活动。围绕着大和家的邻组组员有：某部的高级官员、实业家、子孙满堂的商店掌柜、军需工厂的工人、开酒馆的、开鱼店的、开菜店的，还有忠厚老实、乐善好施的木匠——邻组组长。他们作为配角会随时出现在故事当中。

漫画家协会已将该漫画中人物形象的版权"献纳"给翼赞

图1 《朝日新闻》中部版,1940年12月5日

会,但其实漫画家协会仅仅使用了谁都能画的简单线条。比如爷爷、奶奶的头像是一弯新月,家主夫妻的头像更是只要会画圆圈就能画得出来,全是小学生都能立刻掌握的简单设计。该漫画形象的创作者之一、新日本漫画家协会委员横山隆一氏如下谈道:"只要是协会会员谁都能使用该人物,没有加入协会的人,因为版权已献纳给宣传部,只要经翼赞会许可就能使用。各个人物的面容都使用的是极简单的线描,非常容易学会,所以连孩子们也可以画。"

(《朝日新闻》昭和15年12月5日大阪本社版)

各报纸、各地区版本的报道,基本上是删改了该报道的一部分后凝练而成的。其共同点在于登场人物图示(图1)、作为故事背景的街道"町内会"图示(图2),此外还有:

①大和一家的角色介绍;

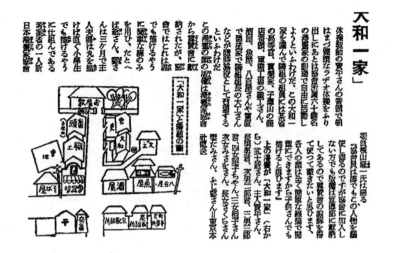

图2 《朝日新闻》中部版，1940年12月5日

②街道居民介绍（无图示，只介绍人物名称和角色设定）；

③该作品是由翼赞会和新日本漫画家协会为了启蒙翼赞运动而创作的；

④版权献纳给了"翼赞会"；

⑤采用了谁都能上手绘制的简单设计。

以上这五点是肯定会被公告提及的。

报道中介绍了作品角色（大和家及街道居民们）、舞台（街道），并且说明了人物角色是谁都能画的简单设计，"版权归（翼赞会）宣传部"所有，经许可后即可使用。即告知全民：《翼赞一家》是无论专业人士还是业余爱好者，谁都可参与的"参与型"政治宣传策划案。

最值得注意的是，这篇简短的报道中两次重复了"版权归翼赞会所有"的信息。由此可知，这里强调的是：这是由大政翼赞会主导的媒体组合项目。另外，还可以据此推测出，翼赞会通过掌握《翼赞一家》的版权，可以对媒体组合活动进行统一的管理和组织。

人们普遍认为漫画和动画领域内著作权概念的确立是在战后，即手冢治虫制作电视动画片《铁臂阿童木》的时候。事实上，电视动画片时至今日也是与市场推销（merchandising）相辅相成、共同发展的。另外，在昭和初期，盗版的米老鼠漫画大量刊行，可见当时人们对于动漫角色的版权概念尚且十分薄弱，多媒体展开也以蹭流行作品的热度为创作前提。在这样的状况下，战时翼赞会运用版权对多媒体政治宣传进行统一的管理和组织，可谓时代先驱。

新日本漫画家协会对版权的"献纳"

即便如此，翼赞会是如何，或者说是为何产生了对版权进行管理的想法呢？

对此，我们可以从制订《翼赞一家》策划案的几份相关记录中得到最基本的确认。首先，我们来看一下翼赞会和漫画角色本来的"作者"——新日本漫画家协会之间关于版权的交涉。

《翼赞一家》策划的开端，从其命名即可看出是源于翼赞会的成立。第二次近卫内阁成立后，作为支撑"新体制"的一国一党组织构想的具体体现，大政翼赞会随之成立。此时，除了不合法的日本共产党，从保守派到左翼政党都"自发地"汇聚在一起，于昭和15年（1940）10月12日成立了大政翼赞会。同时，与此"新体制"的动向相呼应，新日本漫画家协会也成立了。

正如前文所呈现的新闻报道所言，《翼赞一家》的版权是新日本漫画家协会向翼赞会"献纳"的。

新日本漫画家协会是以五个"漫画集团"为中心,让漫画家们团结一致、向"新体制"靠拢的组织。它成立于昭和15年（1940）8月31日,准确来讲早于翼赞会。在协会正式成立前的8月30日,一些漫画家与国民精神总动员本部[1]一起在军人会馆召开了恳谈会,参加会议的漫画家有一些后来参加了第二天成立的新日本漫画家协会的漫画集团,而这个国民精神总动员本部后来也并入了翼赞会。

新日本漫画家协会除了与总动员本部恳谈会时的中心人物冈本一平、北泽乐天等老牌漫画家之外,主要以年轻人为主。从这一现象中可以窥见新老两代漫画家之间微妙的斗争关系。

在新日本漫画家协会的《会报》中,横山隆一引用自己在《周刊朝日》上的发言称:"必须要站在国家的视角,来从事漫画工作。"由此可见,这是一个呼应国策的漫画集团。[2]

在这样的语境下,《翼赞一家》不论是对于翼赞会也好,还是对于新日本漫画家协会也好,都是象征着两个成立初期的团体关系的重要项目。特别是对翼赞会宣传部来讲,当时这应该是它的王牌项目之一。

关于这一点,我们在创刊伊始的《大政翼赞会会报》上即可看出。翼赞会机关报《大政翼赞会会报》第2号［昭和15年（1940）12月15日］上对于《翼赞一家》进行了大版面的报道,并插入了人物角色图。（图3）从《大政翼赞会会报》上的记载可

---

1 国民精神总动员本部是在侵华战争长期化背景下,于1940年4月成立的国策组织。同年10月大政翼赞会成立后,该组织的功能被大政翼赞会所吸收,故而解散。——译者注
2 横山隆一:《漫画派的大同团结》,《新日本漫画家协会会报》,昭和15年。

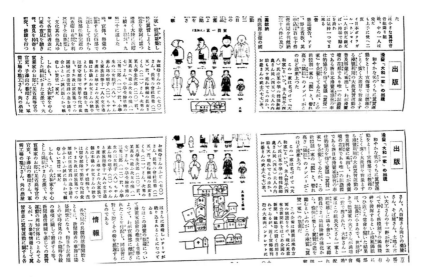

图3 《大政翼赞会会报》第2号，1940年12月5日

以看出，在这个时间点上，与翼赞会宣传部合作进行官方活动的艺术家和作家团体，只有新日本漫画家协会。《大政翼赞会会报》创刊号［昭和15年（1940）12月1日］报道了其宣传部虽然在组织上属于总务部，但策划局却从属于文化部，部长为岸田国士。文化部设置了科学、技术、文学、艺术、教育、宗教、宣传、出版各领域的专门委员会，以召开"关于文学的准备会""关于艺术的准备会"为宗旨，其目的是敦促各领域形成自己的统一组织。在艺术方面的统一组织成立之前，"关于艺术的准备会"上就曾讨论过，需要在文学、造型艺术、电影、音乐、戏剧、舞蹈等领域，各自成立统一组织。

其中，最早形成的统一组织就是漫画家的统一组织——新日本漫画家协会。然而，新日本漫画家协会并非对口文化部，而是对口翼赞会的直系组织——宣传部。从这个组织关系中，可以看出漫画对于翼赞会的特殊性，以及与之相呼应的漫画家协会的独特性。

被征收的"版权"

然而，漫画家们究竟为何率先响应了"新体制"呢？

我并不认为他们认同当时的"新体制"的理念。因为这一"漫画集团"实际上是一种靠团结漫画家来确保集团利益（具体来讲就是撰稿媒体）的手段。也就是说，他们给人的印象与其说是响应国策，不如说是抢占新的利益特权。特别是年轻的漫画家们，他们对于翼赞会这个新客户的期待很高。这大概是他们积极结成组织最大的理由。而作为确保利益特权的手段，他们具体设计的方案就是《翼赞一家》。

我之所以会产生这样的推测，是因为"漫画集团"以团体的形式在报纸、杂志上占用登稿版面时，经例会采取"联合创作""合办比赛"这样的合作形式。当时以同主题的单格漫画创作比赛居多，但集团内就有同一漫画角色以接力形式连载的情况，并且不在少数。比如在当时的台湾，《台湾日日新报》上以"日本儿童漫画家协会会员联合创作"为名，从 1933 年至 1934 年连载了《叮当小胜》（图4），以及接档漫画《日之丸孙悟空》。《日之丸孙悟空》的一部分执笔者与《叮当小胜》重合，并以"六人联作"的形式持续连载。在此意义上自然可以联想到，新日本漫画家协会提议与翼赞会"联合创作"《翼赞一家》的模式，同样是想以此为手段来确保登稿特权。

新日本漫画家协会在翼赞会成立后，在 11 月 20 日就迅速与宣传部召开了恳谈会。《大政翼赞会会报》创刊号报道了召开恳

图4 《台湾日日新报》,1933年7月30日

谈会的理由,即"为了向学龄儿童及普通社会大众,深入浅出地普及'新体制'运动的必然性和大政翼赞会的使命,因此有必要与漫画家进行联合(tie-up)"。从上下文来看,这里的"有必要"指的是翼赞会"有必要",而"联合"(tie-up)这种有漫画家协会自我营销意味的说法也值得我们留意。

从新日本漫画家协会会员小川武在协会委员会议事录中的笔记里可以看出,《翼赞一家》的创作计划似乎正是出自此次会议。笔记中记录道:

11月26日 委员会
请求大政翼赞会的协助(近藤)
◎献纳漫画(报国)(翼赞一家)连载漫画形式的作品
(小川武笔记《No.227 漫画界的动向》,埼玉市立漫画会馆收藏)

这里的"(近藤)"指的是近藤日出造,从小川武笔记中一系

第一章 大政翼赞会的媒体组合

列的记录可以看出,近藤应该是漫画家协会与翼赞会交涉的代表。这里写到会上提出了以报国为主题的连载漫画形式,还有"献纳漫画"的策划案。

"献纳"的本意是指向寺庙神社进献金钱、贡品。在翼赞体制下,不仅仅是物品、钱财,连艺术表达也成为向国家"献纳"的对象。值得注意的是,"联合"与"献纳"的意思相去甚远。另外,笔记上并没有记载这个合作要求,为何不是作品的"献纳",而是"版权"的"献纳"呢?但是,小川武笔记12月22日的委员会记录上,写着短短一句:"报国=将版权交给翼赞会"。由此可以看到从此刻开始,"献纳"朝着与漫画家协会计划不同的方向发展了。

从12月15日的《大政翼赞会会报》中可以推测出两个组织所持有的不同企图。关于"版权"问题记载如下:

关于该漫画的版权,漫画家协会以其胸襟与善举特向我宣传部献纳,在此附记,并向该协会深表感谢。

(《漫画〈翼赞一家〉的出现》,大政翼赞会宣传部《大政翼赞会会报》第2号,昭和15年12月15日)

这里将"版权"的"献纳"过度美化为"胸襟"和"善举",反而更欲盖弥彰地说明,"版权"是违反协会意图被征收的。

给翼赞会的赞助费

前面已经说过,"献纳"是战时盛行的向国家进献的行为。例如,这一时期,翼赞会用于宣传的"献纳广告",就是由企业等来承担用于宣传新体制运动的广告版面的费用。自此之后，甚至绘画、小说、诗歌等形式也实施了"献纳"。

而"版权"这个概念，如果不使用它的话，其本身是没有意义的，翼赞会却将其以"献纳"的名义征收了上来。另外，新日本漫画家协会的议事录中还提到，翼赞会因为漫画家协会使用自己"献纳"的版权却不需要交版权费而感到不满。这大概并不是因为翼赞会想独自使用版权，而是因为《翼赞一家》尽管超乎想象地广泛流行，但其收益却十分有限。为此，翼赞会对漫画家协会心怀不满。

此外，樱本富雄曾提到过《翼赞一家》的版权费以"翼赞赞助费"的形式支付给了翼赞会。如此一来，漫画家就变相承担了这笔赞助费。[1]另一方面，漫画家的稿费却是由报社等支付的。遗憾的是，关于这方面的版权运作方式未能确认。漫画以外的多媒体展开也因为版权已归翼赞会所有，所以漫画家协会没有丝毫收入。因此唯独能确认的是，词作者署名为新日本漫画家协会的《大和一家数数歌》，其唱片的版税交给了漫画家协会，而且大概也只是作词版税。[2]

对于协会来讲失算的是，以前采取"合办比赛形式"时的执笔创作机会是内部人员独占的，但一旦将版权"献纳"给翼赞会后则不可能了。但即便如此，协会的漫画家们还是获得了《翼赞一家》相应的恩惠。根据小川武笔记的记录，《翼赞一家》部门由横山隆一、中村笃九、松下井知夫组成，中村是负责人。《朝日新闻》东京本社版连载了读者的二次创作，关西版则轮流连载协

1　樱本富雄：《战争与漫画》，平成12年（2001）4月20日，创土社。
2　前述小川武笔记。

会会员的创作。其中，横山隆一是受益最大的人之一，他绘制了《朝日新闻》版人物角色表，还绘制了朝日新闻社出版的单行本。这大概也是因为横山的连载漫画《小阿福》系列是朝日新闻社的招牌。

在报纸方面，松下井知夫在《东京每夕新闻》上连载《翼赞一家》，吉野弓亮在《国民新闻》上连载《翼赞一家之稻子》。从小川武笔记中的委员会议事录可以推测，漫画家协会会员各自的漫画稿费都有支付给他们个人。

然而，在"献纳"了版权之后，"没有加入协会的人""只要经翼赞会许可就能使用"版权，当时各大报纸是如此报道的。但事实上，《读卖新闻》连载的《大和家的翼赞日记》就由非协会会员宍户左行负责。《朝日新闻》东京本社版采取的是公开征集"二次创作"的形式。《朝日画报》的连载内容也是由非协会会员长谷川町子绘制的。同样，前面提到的酒井七马自然也不是协会会员。

因此，版权一旦不归协会所有，执笔机会就无法再由团体内部的少数人独占。

然而，如果站在翼赞会宣传部的角度上看，版权"献纳"的意义就大为不同。也就是说，通过将"版权"握在手中，翼赞会就可以统一管理多种媒体上由不同作者同步开展的创作活动，即翼赞会作为媒体组合的版权所有者，可以行使相应的权力。由此可见，翼赞会与漫画家协会对于"版权"的意识相差了好几个层次。

计划开始的前十天

迄今为止，分享漫画角色的形式一直是"漫画集团"获得创作机会的主要经营手段。而翼赞会宣传部却通过以上方式，将其改换成权力机关对版权的统一管理这种新型的媒体组合体系。

实际上,《翼赞一家》的多媒体展开,从最初的计划到付诸实施仅用了极短的几天时间。这也是《翼赞一家》媒体组合的一大特征。

如前文所述,从记录上来看,关于《翼赞一家》的灵感是11月26日漫画家协会与翼赞会宣传部召开恳谈会之后才提出的。此后仅仅过了十天,12月5日就在各大报纸上一起发了公告。虽然人物角色一览表、街道地图等的制作以及分格漫画的绘制可能花不了太多时间,但基于此的多媒体展开居然也同时进行了筹备。计划开展得如此迅速,是因为统一行动比向各个作者、媒体分别说明新体制运动的主旨,再设计政治宣传策划要简单得多。这也正是政治力量运用"版权"的结果。

关于计划实施之"迅速",12月12日的《读卖新闻》上发表了题为《在各方面广受欢迎的"大和一家"》的报道。文中写道:

> 大政翼赞会与新日本漫画家协会共同创造的翼赞漫画《大和一家》在各个方面同时展开,首先由古川绿波一座开始,即将在有乐座的新春演出中将其搬上舞台。电影方面则由东宝电影积极推进。此外,胜利唱片公司请德山琏录制唱片,哥伦比亚公司为与之竞争也在同步制作唱片。他们全部获得了翼赞会的许可,而翼赞会也兴致勃勃地指导、支持他们。因此,新春伊始时《大和一家》就会在戏剧、电影、唱片界风靡起来。
>
> (《读卖新闻》,昭和15年12月12日)

古川绿波一座的新春演出,东宝制作的电影,还有胜利和哥伦比亚争相制作唱片,这些漫画之外的戏剧、电影和唱片方面的媒体组合，是在翼赞会与漫画家协会召开恳谈会后仅仅两周之内就强势上马的。结合我本人在媒体组合活动中的亲身经历来看，这无疑是令人震惊的"迅速"。这不可能是普通企业可以实现的速度，只有翼赞会这种权力机关在推进媒体组合时才有可能实现。

12月21日，电台主播预报从第二天起高田保编剧的广播剧将在《大政翼赞的晚上》栏目播出。同时，12月27日的《读卖新闻》上，也登载了相关连环话剧的报道。

古川绿波的动员

事实上，由东宝拍摄电影的计划最终未能实现，但古川绿波从12月底就开始了录制唱片等准备工作。

《古川绿波日记》中记载了以下事实：

12月23日（周一）

12点要在文大楼拍摄宣传照，所以11点半出门。今天又是高槻的圆桌会议日。在文大楼三层，久违地扮上妆，拍摄《开拓者》和《翼赞一家》里赞平的形象。冻死我了。

12月28日（周六）

早起，7点半。电台的车没油了，只开到了高田马场。所以我到中井（坐电车——译者注）去电台大楼。第三夜的放映测试搞到快12点，带着大家去新堡吃了饭。之后又去了文大楼练功房，排练《开拓者》。练到2点多，又赶去哥伦比亚录制《大和一家数数歌》。碰见了若原春江和一个少女。

（泷大主编《古川绿波昭和日记〈战前篇〉》，晶文社，昭和62年）

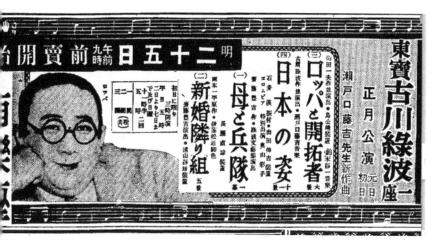

图5 《读卖新闻》，1940年12月25日

日记中的《开拓者》指的是次年1月准备在有乐座新春公演中上演的菊田一夫的作品《绿波与开拓者》。可以看到《翼赞一家》的工作与《绿波与开拓者》同时进行，绿波拍摄了《翼赞一家》中人物的照片（应该是宣传资料），还有《大和一家数数歌》的唱片录制也是在年底匆忙进行的。

实际上，从广告中可以看出（图5），和《绿波与开拓者》一起上演的是古川绿波的作品《日本之姿》，而并非《翼赞一家》。从日记里也可以看到，绿波从12月初就开始写《日本之姿》，但写得并不顺利。另一方面，日记里却没有关于写《翼赞一家》剧本的记录。或者也可能是因为《日本之姿》是一部十一幕的大戏，而在《翼赞一家》中只是承担特邀出演的一个角色。

绿波曾在当年10月病倒，而新春公演则是他复出后的第一部作品。只能说《翼赞一家》是被强行插入绿波的复出日程之中的。

《翼赞一家》的报章杂志的连载、刊发也从当年年底开始集中报道至第二年（1941）春天。12月27日的《朝日新闻》也早早刊登了翼赞会宣传部主编的横山一隆所绘的单行本《翼赞一家》的发行预告。

由东宝拍摄电影一事虽然没有后续报道，但在12月12日，日本本土报道东宝拍摄电影的当天，《"满洲"日日新闻》上也以"山下良三制作，斋藤寅次郎出演，山下谦太编剧"报道了电影《翼赞一家》开始着手撰写剧本的新闻。

为什么《"满洲"日日新闻》上会出现关于电影《翼赞一家》的详细报道？大概是与该报纸经常刊登日本本土的电影信息，特别是文化工作的相关报道有关。这篇报道不仅让拍电影一事拨云见日，还可以看出制作班底实际上是提前内定好的。制作人山下良三是电影《邻组的合唱》的制作人（东宝采取的是制作人体系，即制作人掌握大权，不使用导演这一称呼），该影片与国民歌谣《邻组的合唱》相联动。主演斋藤寅次郎特别擅长模仿卓别林，因此，山下选用斋藤寅次郎做主演可能也有出于这方面的考量。

另一方面，过完新年后的1月28日，《读卖新闻》就刊发了自己报社主办的动画片剧本征集公告。与绿波的舞台剧不同，4月2日至4月6日，由宝塚歌剧团编舞师三木一郎在"东京舞踏座"上演歌剧。此外，虽然没有实物存证，但在当时作为天才少女浪曲家而广受欢迎的春日井Okame（图6）也发行了相关唱片。Okame的外形也很像《翼赞一家》中大和家的稻子（虽然她本来留的就是战时少女的典型发型）（图7）。这些也可以说是现在的2.5次元戏剧。

在这之后，我们又发现了直到昭和17年（1942）的相关出版物，以及绘本、木偶剧教科书等：除了横山隆一、酒井七马之

图6 《宝丽多月报》,1940年12月号

图7 横山隆一:《翼赞一家》,1940年12月30日,朝日新闻社

外,还出版了横井福次郎、村山繁、矢崎茂四、杉浦幸雄的《家庭绘本 春天来了 翼赞一家》(1941年5月),和矢崎茂四、松下井知夫、长谷川町子的《翼赞漫画 前进吧大和一家》(1942年4月)(图8、图9)。如果采信手冢治虫的证言,《翼赞一家》相关出版物、绘本等的发行一直以各种形式持续到了昭和19年(1944)。

《翼赞一家》是失败的吗?

有人认为,《翼赞一家》的报章杂志漫画连载在很短期内就结束了,戏剧和电影的改编也没能完全按照计划实施,因此它是失败的。确实,除了少部分作品之外,《翼赞一家》核心的媒体展开的确集中于报纸告示之后的仅半年以内,然而我认为,刚刚成立的翼赞会能做到在半年内,从提出想法到报章杂志的连载,出版单行本,制作电影、戏剧和唱片,这种速度本身就是一种成功。应该说,这种在短期内实施多媒体展开的计划,是由于翼赞会这样的权力机关拿到了版权才得以实现的。换言之,正因为是翼赞会,才首次实现了这种以管理方为主体的媒体组合。

《翼赞一家》在短期内结束的主要原因之一,是翼赞会宣传部本身就没有打算长期实施的计划。以下是翼赞会宣传部副部长长谷川信正在《翼赞一家》计划一年之后召开的"听取大政翼赞会宣传政策的座谈会"上的发言。此外,翼赞会宣传部的重要人物花森安治和新井敬一郎也作为宣传部成员出席了此次座谈会。

而之后相对成功的个案是,我们决定以各种方法进行尝试。在翼赞会刚刚成立的时候,我们决定尝试使用漫画这种形式,于是委托了新日本漫画家协会。而后翼赞会将其灵活地运用在了各

图8 横井福次郎、村山繁、矢崎茂四、杉浦幸雄:《家庭绘本 春天来了 翼赞一家》，1941年5月30日

图9 矢崎茂四、松下井知夫、长谷川町子:《翼赞漫画 前进吧大和一家》，1942年2月25日，日本绘杂志社

个方面，结果它广受欢迎，普及度很高。我认为这是我们策划并成功实施的一个案例。虽然如果一直持续使用同一种形式，就会失去其效果，但它作为漫画的策划来讲本身是成功的案例。

(《听取大政翼赞会宣传政策的座谈会》，明治大学报国团学术研究部《骏太广告》，昭和16年12月)

这或许是翼赞会不愿意承认失败的托词。但可以说明的事实是，此后翼赞会每一个主题的多媒体政治宣传，都经常以短期集中实施为主。

如果单就《翼赞一家》这个内容来讲，如前面梳理的漫画确实各自存在的时间都很短暂，因而可以看到很多同行讽刺的评价,诸如"单纯的附和主义""看到'大和一家'的热度下降了,大家都赶忙收手"等[1],但是,在评判《翼赞一家》的成败时,本身应该以何为标准呢?

对于翼赞会来讲,《翼赞一家》媒体组合的目的,并不是让人们去买书或者去剧场,其目的在于对于翼赞运动的"宣传和启发"。因此,必须且只能通过后者的效果好坏来评价《翼赞一家》媒体组合的成败。

因此,考察《翼赞一家》的媒体组合时不可或缺的一个视点是,它是翼赞会用来进行政治宣传的工具,而不应仅把它看作一部漫画作品来决定它是否成功。也就是说,《翼赞一家》不过是即将开始的"翼赞运动"这一庞大的媒体动员中一个政治宣传的出发点。我们必须认清这个显而易见的事实。

在讨论《翼赞一家》的成败时,不论是以前的学者还是现在的学者,都难免将其看作一篇漫画作品或者一个商品。以这样的视点对其进行评价,在不以商业成败或经济盈亏为目的的战争语境下是毫无意义的。

此外,正如报纸上关于《翼赞一家》媒体组合的公告所提示的,这是一个"参与型"的策划案,所以自然也需要从这个方面进行验证和评价。也就是说,必须要采取与漫画作品的个案研究完全不同的评价方法,才能讨论其成败。特别是本书在第三章会涉及的业余"素人"的参与问题,在木偶剧领域可以看到其长期的展开,直至昭和17年(1942)以后。在这个语境下,"素人"这个词在表达其字面意思上的"业余爱好者"的同时,也是一个"新体制用语",即翼赞体制下频繁出现的关键词。因此,本书第

---

1 《漫画时评》,《大阪pack》,昭和16年(1941)9月号。

五章讨论手冢治虫与《翼赞一家》的关系时,"素人"的参与问题也是非常重要的一点。如果不看到这一点,就无法把握《翼赞一家》的全貌。

以和平时期为评价的基准,从商业化媒体展开的成败,或作品质量的高低等方面来评价战时的政治宣传,本身是无意义的。《翼赞一家》完全是面向非常时期而策划的一个整体性的媒体组合。

无处不在的媒体组合

《翼赞一家》始于1940年12月初,一年后的1941年12月8日,配合日本对美开战,翼赞会宣传部打响了正式的"宣传战"。

虽然这样说不太合适,但真正意义上的战时媒体组合正是从此刻开始的。

当时的情景,就仿佛《翼赞一家》的短期集中式多媒体展开在为第二天的行动进行预备演习一样。时任翼赞会宣传部长的八并琏一,在广告杂志中以自豪的语气谈到了以上的情况。从小川武笔记看,八并琏一是新日本漫画家协会与翼赞会沟通联动时频繁出现的负责人之一。他在杂志中的发言引用如下:

首先,作为宣传部,值此大东亚战争爆发之际,我们决定了所有活动的重点应置于何处。"令国民的决战意识昂扬"——这就是开战第一阶段的目标。决战标语正是据此目标而决定的。
杀呀!美英我等之敌!
前进吧,一亿火球!
看到了吗,我们的战果。知道了吗,我们的实力。

这一战我们会拼尽全力。

(八并琏一《大东亚战争与大政翼赞会宣传部》，大东亚宣传联盟《宣传战》第三卷第一号，1942年)

这种真正意义上的"宣传战"与《翼赞一家》所不同的是，其使用的核心内容并非角色而是关键词。其中重要的是，宣传战将"前进吧，一亿火球"作为"关键词"时的使用手法。

这同样也是一种媒体组合。

不可忘却之日，昭和16年（1941）12月8日——从今早起，广告气球、垂挂条幅、车厢广告、传单、海报、板报和橱窗报布满了决战的标语，瞬间在全国铺开。

同样在12月8日，还发表了决战之歌《前进吧，一亿火球》。歌曲直率地表达了面对未曾预警仍毅然挺进的大战时的国民高昂的意志。歌曲的发行有利于全国一亿人民团结一心，鼓舞我们必将决战进行到底的昂扬意气。该歌曲已灌制唱片，即日起下发各部门。与此同时，歌曲还会在广播中播送，并于12月12日起跟随翼赞会宣传车（Sound Truck）驶向街头、剧场和百货商店。歌曲所到之处，都会引起大家的大合唱，人们高呼万岁。它作为"战斗生活的尖兵"，获得了人们巨大的欢迎。

(同前书)

围绕着这句宣传标语，不仅制作了广告气球、海报、展板、垂挂条幅、连环话剧，还有音乐和广播等多方面的多媒体展开，同时还有火柴盒、联合广告等展现形式。为了备战，事先已经周到准备了各种宣传印刷品以及用于展示的广告，包括被称作

"Sound Truck"的街道宣传车等。正是如此，这种多媒体宣传策略才有实现的可能。

此外，百货商店还举办了"赢得胜利生活展"，宝塚歌剧团也安排了相关公演。"一亿""火球"等标语出现在报纸标题之类的地方，广告之外也随处可见（图10）。加拿大动漫学者马克·斯蒂伯格指出，现代日本的媒体组合的特征之一是普遍存在性（ubiquitous），即无处不在。战时的媒体组合正是如此，设置于所有场景之中，无处不在。

开战当天，宣传部作词作曲的《前进吧，一亿火球》发行了唱片。昭和16年（1941）12月9日的《朝日新闻》上，有关于此事的如下报道：

> 大政翼赞会宣传部在8日，即开战第一天，发表了该部作词作曲的《前进吧，一亿火球》。8日下午3点首播，此后将连续几天作为广播的间奏播放，以鼓舞一亿人民的士气。
>
> 该歌曲由四重唱合唱团[1]灌制的唱片也正在全国发行。

宣传部作词作曲，也就是说乐曲的版权归翼赞会所有。像这样，配合太平洋战争的开战之日，在统一管理下同时进行多媒体展开的《翼赞一家》式手法，包括它的发展速度在内，确实成了翼赞会的一门专长。

一年后，即太平洋战争开战一周年时，翼赞会宣传部企图将"12月8日"这个特殊日期的字体进行统一（图11）。希望据此可

---

1 四重唱合唱团（ヴォーカルフォア合唱団），是日本第一个职业合唱团。后在战时改名为"日本合唱团"。——译者注

十二月八日

断じて起つ・一億の「時宗」

銃後は火の玉、見よこの備へ

図10 《每日新闻》，1941年12月8日

图11 报道技术研究会：《宣传字体制作报告》，《宣传》，1942年12月号，日本电电通信社

以将开战之日的字体符号化。如此一来，我们似乎就是在逐一探讨角色、标语、字体这些常见的多媒体展开中的核心元素。

然而，有人或许会认为，将"漫画"换成"标语"后，不就与《翼赞一家》的媒体组合产生了本质性的变化吗？确实，像《翼赞一家》这样的角色管理型媒体组合，在新体制下没有其他案例。然而值得注意的是，《翼赞一家》的另外一个重点在于业余"素人"的参与。而"标语"正是一种战争时期具有代表性的"素人参与"模式。甚至还有专门征集标语投稿的杂志，以业余爱好者的投稿为整个活动的基础。

"新体制"被描述成一种"世界观"（在动漫领域中常用的"世界观"一词，本身就是一个"新体制用语"），"标语"正是在这个"世界观"中制造出来的。从这一点来看，"标语"也可以说是战时媒体组合的特征——"动员普通人（素人）"的恰当表现形式。

尽管翼赞会是一个独裁式的权力机关，但单凭这一点还无法充分说明其为何能够如此高效地开展媒体组合。虽然《翼赞一家》通过"版权"统合了各类媒体，但正如前面看到的，战时媒体组合不仅是多种媒体和多样表达的"总动员"，其特征更体现在要将它们进行横向整体的统合上。翼赞会积极地成了这种多媒体展开的核心，或者说是发挥了一种近似于平台的作用。

一元化统率

前面我们已经讨论过，翼赞体制不仅在漫画方面，而且在文艺表现形式的各个领域和业界都谋求成立其各自的统一组织。此前，漫画家们曾有过很多小规模的漫画集团，而后将其合并形成漫画界的统一团体。同样的情况也发生在其他的艺术表现领域。另外，民间反而更积极主动地要求，在各自的领域里设置居于创作者之上和服务于国策的管理机关。

这当然是一种对"翼赞体制"的附和。例如战时的电影评论家今村太平，对于设置"新体制"后的电影"一元化制作、策划、审议机关"的必要性说：

在配给一元化的情况下，制作策划案也必须一元化。必须通过一个最高机关将这两者进行横向的联络统筹，以决定日本电影整体的动向。

（中略）

特别是今后日本电影必须将东亚十亿民众纳入考虑对象内，这个策划务必要慎重。必须制作出能对全体国民负责的电影，才有可能以电影来支配东亚共荣圈。也就是说，电影的配给制作一元化，是日本电影在战时体制下不可或缺的。因为这就像是战争需要参谋部，电影也需要一个一元化统帅。而今后所有的电影制作配给，都是战争的一部分。

（今村太平《战争与电影》，第一艺文社，昭和17年）

今村认为，电影领域里的"配给制作一元化"，同时使参谋部的"一元化统率"成为可能。在新日本漫画家协会的发展过程中，昭和18年（1943）5月1日成立的日本漫画奉公会的《成立宗旨》里，也明确表达了这种"一元化统率"的想法。

成立宗旨——吾等早已持漫画美术为武器，站上了思想战的前线。以一心奉公之诚，效绵薄之力。值此之际，更集结了全日本漫画家之力，团结一致，确立了强大的一元化体制。贡献吾等全部力量，为实现国家之目的甘愿粉身碎骨。

(小川武笔记《No.227 漫画界的动向》)

值得注意的是，无论是电影界还是漫画界，即使有本行业内团结统一、形成一元化管理体制的想法，却完全没有跨越领域、在多媒体之间形成联动的想法。

这一点在加藤悦郎的思考中也可以明显看出。加藤悦郎是在协会成立后不久就被协会开除了的"激进派"漫画家。加藤曾参加过普罗艺术运动[1]，因此他属于左翼人士，他对于"新体制"来说是个激进派。

用加藤的话来讲，"在首都的所有漫画团体全都是""纯粹的经营组织"，完全是"商业化"的。正是因为这样的商业主义和自由主义，在"卢沟桥事变"后，曾几度提出的"漫画团体一元化运动"才一直无法实现。

加藤提议的"一元化"机关，在他的著作里有如下的表述：会员将分属于"时局漫画""少国民漫画"和"其他漫画"三个部门，由各部门选出的委员设立研究、策划和行政事务三个委员会，在此基础上再选出代表三个委员会的负责人(图12)。

从组织形式上看并不新鲜，那么加藤提议的一元化机关到底要做什么呢？

加藤说，一元化机关要做的就是"对外活动"。

1　"普罗"是法语"普罗列塔利亚"的简称，意思为无产阶级的。普罗艺术运动指20世纪二三十年代席卷日本，源自社会主义、共产主义运动的左翼美术运动。——译者注

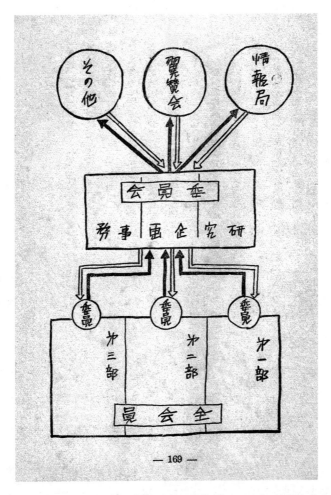

图12 图片出自加藤悦郎：《新理念漫画的技法》，1942年5月1日，艺术学院出版社

所谓对外活动，具体来讲就是通过紧密联络以情报局、大政翼赞会为首的商业报国会、帝国农会、产业组合、大日本妇女会、军人援护会、铳后奉公会等各个团体，对所谓国策认识进行整体性把握。

（加藤悦郎《新理念绘画技法丛书 9 新理念漫画的技法》，艺术学院出版部，昭和17年5月1日）

也就是说，一元化机关的作用就在于，成为与大政翼赞会等国策机关进行"紧密联络"的窗口，再通过这个业界内统一团体来彻底奉行国策。

这个"对外活动"的对象，始终限定于情报局和大政翼赞会等国策机关，而且并不涵盖与此后相继成立的其他艺术类一元化团体进行横向交流，或共同制订国策宣传策划案。翼赞会的宣传在多媒体间展开的同时，其主导权实则可以由某些业界掌握，虽然实际上并没有出现此类情况。

也就是说，跨媒体间策划案的制定，始终是翼赞会等国策机关的权力职能。这与现代的情况也很相似，现代的媒体组合也是各领域间没有横向联络，而是由各自的制作委员会进行管理。媒体组合的运营，始终是制作委员会等上级机关的工作。对于《翼赞一家》来说，其上级机关就是翼赞会。因此，可以说以翼赞会为代表的战时宣传机关，就是一种媒体组合机关。

这种行业各自的一元化，想来实际上是一种巧妙的犯罪手法，即使从漫画界来看，就充满了代际、权益和意识形态等各种内部矛盾。因此加藤悦郎说必须要以漫画家为限制条件，结成行业内的统一组织。在其他行业领域里，大抵也是如此。有人想要在行业内称霸，在这种对内的权力游戏中，各业界的统一组织方可形成。

这样的结果就是，各个艺术表现领域被各自分化，而这种分化，使得权力机构的跨多媒体统领作用成为可能。

村山知义的媒体组合

在"新体制"出现以前，漫画、电影、美术、文学等多样的艺术表现形式之间的分界线其实比较模糊。最重要的是，相互之间伴随着人员往来而呈现出流动性。

例如，在大正15年（1926）成立的日本漫画家联盟中，除了麻生丰、下川凹天等漫画家外，还有村山知义、柳濑正梦两位名人。众所周知，当时，村山知义、柳濑正梦是属于大正新兴艺术运动派的著名美术家。田河水泡（当时的笔名为高见沢路直），也是村山团体中的一员。而大正新兴艺术运动结束后，在普罗文化运动兴盛时，村山、柳濑开始活跃于漫画界。进入昭和时代后，他们还涉足了商业性的儿童漫画和动画片。

村山知义主导的日本漫画家联盟一直以来谋求漫画与大正新兴艺术运动的结合。该联盟虽然在普罗艺术运动的兴起中走向瓦解，但却成立了与之一脉相承的漫画集团"Sancho俱乐部"，其成员中还有中野重治、小熊秀雄等有名的诗人。

到了大正末期以后，即使粗略地概览漫画集团的变化过程也可以得知，漫画、美术和文学领域之间不像现在一样存在明显的分界线，或者可以说跨领域流动非常频繁。

其中一个原因是同一个人在其他领域也进行着相似的艺术表达。就村山知义来说，大正新兴艺术运动时期，他从事舞台艺术、表演、海报设计和书籍装帧等工作，写理论书籍、文艺评论和小说。进入昭和时代后，还制作绘本和动画片。前卫（Avant-garde）一词本身就是指为了大众的复制艺术，走向印刷媒体是理所当然的。另外，老派漫画家们以"漫画漫文"这种普遍形式在文字和绘画两方面都进行创作。文学从业者向电影界靠拢也是一样的道理，这能令人立刻联想起川端康成和衣笠贞之助合作的《疯狂的一页》这部电影。

在这种语境下，村山知义构思了一种将多种媒体统合起来的艺术形式。众所周知，村山在昭和初期的普罗戏剧中，主张在舞台上采用综合诗歌、台词合白（Sprechchor）、音乐、舞蹈、木偶、面具、电影、幻灯和漫画等艺术形式[1]，是将舞台看作一种综合艺术，企图将所有表现形式统合于其中。村山知义在昭和初期尝试了一种"连锁剧"，就是在舞台上将幻灯和戏剧中的电影等组合在一起。其中，昭和12年（1937）的有声连锁剧《新选组》，村山就在为戏剧舞台撰写剧本的同时，还撰写了小说版和有声电影版的剧本。这是村山自己的媒体组合。像这种企图统合各领域艺术表达的想法，不久之后就会与翼赞会及宣传部企图统合各媒体的媒体组合产生交集。以不恰当的话来讲，战时政治宣传就是一种综合艺术。翼赞体制在某种意义上，就是前卫艺术家们梦寐以求达到的效果。

翼赞会通过将各业界团体一元化，先切断它们之间的自主联动，然后再由国家宣传机构独断专权地重新将它们接续起来。

媒体组合的实验工作室

那么，翼赞会等宣传机构中，具体是由谁负责统合这些多媒

1　村山知义：《活着的报纸写法》，《演剧新闻》第5号，昭和6年（1931）12月1日。

体呢？其中之一就是报道技术研究会（常简称为"报研"）。"报研"是在面向"新体制"国家宣传的过程中成立较早的团体。该团体由当时森永制果公司的广告负责人新井静一郎，在与内阁情报局联合制作《爱国进行曲》的过程中组建，是一个由广告技术人员组成的团体。虽然不是由他们直接主持《翼赞一家》的宣传，但该团体提出了将媒体与媒体相结合的理念，并且将其付诸实践。

可以说他们是为了国家宣传而专门成立的一种特殊工作室。

新井静一郎对于成立"报研"时的场景有如下回忆：

根据今泉日记，他和我第一次商讨"报研"的构想是在昭和15年（1940）8月下旬。我说："即使没有报酬，咱们也应该为国家的工作无私奉献。我想搞一个扩大化的研究会组织"，今泉则主张说："这个团体应该是在技术分化之上的统合，在形式上应该是对既有制图团体的超克。名称也不应该叫宣传广告，而应该结合国家层面和社会层面的统合原理进行考虑"。

（新井静一郎《从"报研"成立到解散》，山名文夫等编《战争与宣传技术者——报道技术研究会的记录》，大卫社，1978年）

从这里可以清楚地看到，新井认为广告界也同样需要站在各业界的技术分化层面之上，设立一个可以统合它们的研究组织。

他们将自己定位为宣传技术者，精心地钻研国家宣传的技术，其特征就是他们进行的并非是意识形态研究，而是技术研究。战时和战后的职业经历也准确地说明了他们技术之优秀。

我们前面已经提及，新井静一郎是翼赞会宣传部的一员。他同时也是日本广告行业的奠基人物之一，是战后将美术设计（art direction）概念引入日本的重要人物。战后，他历任电通公司宣传技术局长、常务。而今泉武治也因为在昭和初期的森永集团起用礼仪小姐进行宣传而广为人知，他在战后进入三轮肥皂公司宣传部，他将美术设计与文案（copyrighter）组合应用于广告制作，是确立了日本现代广告行业的重要人物。而山名文夫则是平面设计（graphic design）方面的先驱者。他战前活跃于资生堂意匠部，战后又重新回归资生堂。资生堂有名的茶花标志就是山名文夫的设计。

"报研"中不仅有以上几位重要人物，还有原弘、堀野正雄、大桥正等在战后的平面设计和广告业中举足轻重的人物。"报研"的构成人员中有制图师、插画师、摄影师、文案师等广告业者，还有演员、西洋画家、诗人、建筑家，以及记者、文艺评论家、社会学家等。这些广告从业者所在的公司有明治制果、森永制果、资生堂、东宝、东京燃气、三越等大公司。还有人像原弘那样，是对外政治宣传媒体《FRONT》的发行方——东方社的成员。同时，几乎所有成员都在资生堂或其他的公司兼职。

"报研"的特征正如刚才引用中所述，是"在技术分化之上的统合"。另外，从人员构成来看，"综合了各类报道媒体——印刷、广播、胶片等广泛的表现手法"（今泉武治《报研的主张》）。也就是说他们具备一种多媒体统合的思维方式。因此，战后，他们自我评价道："以理论打通道路，以国家宣传的高度化与统合化为目标，努力在实践中展示其成果。"（同上）他们将"国家宣传"这一禁果，从理论水平上进行梳理，并将其作为技术来实践。从这一点来看，"报研"可以称得上是一个实验工作室。

"报研"整理了其宣传理论，于昭和18年（1943）出版了报道技术研究会编的《宣传技术》（生活社）。书中虽然没有出现媒体组合一词，却展示了他们关注的核心——宣传工作中关于多媒体展开的新思路。

因此，国家报道是以一元化统筹为前提的。各报道媒体也必须从没有统筹的各自为政，走向有统筹的计划性报道，即各媒体功能的相互联动。如果广播归广播，电影归电影，印刷品归印刷品，只在各自的领域内部制定计划，并且就那么自给自足式地完成，那么就无法实现真正的一元化。而是应该考虑各自媒体的功能，优势互补，综合性地制定一个理念或政策。将可以听见的声音，可以移动的影像，以及图像、色彩和文字等不同功能协同运作进行表现。

（今泉武治《报道技术构成体以印刷报道为中心》，山名文夫等著《宣传技术》，生活社，1943年）

正如前面看到的，各行各业的组织，只有在自己行业内部进行"一元化"的想法，只想在自己的行业里充当统帅。而"报研"所说的一元化统率，是将各领域的不同功能进行优势互补或者协同运作，从而综合制定一个理念或政策。也就是说，这是一个以横跨多领域的统率为目的的宣传技术，这也是进行国家报道的前提。

战后的编辑曾是政治宣传技术人员

由此可见，媒体组合依然是一种战时的宣传技术。翼赞会宣传部主导的《翼赞一家》，正是一个将媒体机能优势互补的理念或政策做一个统率式宣传的最早尝试。

而"报研"将这样的综合性宣传技术称为"编辑"。

这里的编辑是指，为了形成一种推广、传播特定人群的理念、意志、情感、知识的文化手段，而构思、策划，收集、筛选、整理必要的感性素材，再将其进行时间性、空间性配置、结构、统合的过程。指在构建拥有报道、宣传、娱乐、教育和艺术等广泛社会机能的所有文化产物的过程中，从计划、设计，到材料的收集、选定，再到实施、建构为止的所有工作。

就像建筑，以住房为首，有工厂、学校、官衙、礼堂、神社、佛堂等百般功用。以木材为首，有石料、瓦砾、水泥、钢铁、玻璃等各种建筑材料。近代的编辑，从书籍开始，穿梭在广泛多样的社会机能和人与人之间，经营着精神的转化。这是一种操纵几乎所有的感性素材来进行构筑的广义的文化技术。

（大久保和雄《编辑技术》，出处同上）

这里所说的编辑并非杂志的编辑，而是对多样的素材和多样的媒体进行整编的人员。从杂志的编纂，到多样素材的制作，其中甚至包含了对媒体技术的统合性编辑。如此，"文化手段"对于被编辑的内容来说，是意识形态的容器。同理，传媒、广告、教育、艺术都同样是编辑的工具。

实际上，"报研"进行了海报、手册、杂志彩页的设计和展览，其对象也仅限定于广告和宣传。然而他们却反复进行了打破限定形式的实验，关于这一点，杂志《写真周报》上常有相关特辑。

他们的思想与止步于按领域进行分化的各业界团体截然不同。"报研"当初虽然是为了确认宣传局的意向而成立的团体，以情报局为核心客户，但后来大政翼赞会的工作逐渐占据了更大比重。而翼赞会方面负责与"报研"接洽的人物是花森安治。

昭和17年（1942），在大政翼赞会宣传部的内部设立了"宣传技术室"。这是在花森安治与"报研"的闲谈中诞生的，两个部门关系相当密切。

战后，花森安治作为杂志《生活手帖》的总编度过了后半生。与花森同样是对接"报研"的负责人的清水达夫则在战后创刊了杂志《平凡》，其版权方凡人社从平凡出版株式会社（非平凡社）发展到了现在的杂志屋（Magazine House）。"报研"的本质在于编辑，因此其技术也理所当然地被战后出版界继承了下来。

在战时的宣传活动中，编辑人员的存在对于国家意志的传统以及多媒体之间的统筹都十分重要。这很容易让人想起菊池宽的存在，他既是文艺春秋出版社的社长，又是大映电影公司的社长。电影史学者志村三代子认为：菊池宽构建的电影体制是一种媒体组合工作室。[1] 菊池宽在战后是出版社经营者，与此同时他又被电影界人士列入"不仅在电影界，而且在文化界也应受到追放处分[2]"的名单。该名单中与之齐名的还有甘粕正彦等内务省、情报局和各电影公司的董事等电影人，这无疑证明了他在战时进行了媒体组合工作。

无独有偶，20世纪80年代，最先敏感地关注到"媒体组合"这个日式英语词的人，是诸如德间书店的德间康快、角川书店的角川春树和角川历彦兄弟这样的出版界人士。德间书店、角川书店是出版社的同时，也都继承了菊池宽曾做社长的大映电影公司。

因此，翼赞会在这层意义上，也可以说是一种战时媒体组合的编辑机构。

---

[1] 志村三代子：《电影人·菊池宽》，藤原书店，2013年。
[2] "追放"为日语词，意味将有身份、地位、权威的人从相应位置上放逐。日本战败后，驻日盟军总司令部（GHQ）在占领时期发出的剥夺公职政策，要求将战犯及有军国主义倾向者等从政府机构、企业、事业单位等的要职中驱逐出去，被称为"公职追放"处分。——译者注

第二章 作为故事背景的『街道』世界

前文已论述媒体组合可以分成不同情况:要么是先有小说或漫画等畅销作品,以此为原作继续展开创作;要么是一开始就设计好,同时通过多种形式开展作品创作。如果是第二种情况,为了使不同作者、不同媒体能够同时地多渠道开展创作,且彼此之间不矛盾、不穿帮,就需要共享角色的设计和设定,以及故事的背景世界等信息。因此,《翼赞一家》也从一开始就公布了相关角色和作品背景等信息,这一点与同时代的其他漫画作品大相径庭。

本章试图以角色设定、故事背景等问题为主轴探讨《翼赞一家》。如果仅将该作视为独立的漫画或小说作品,则无论如何分析,也很难看清其作为媒体组合作品的特殊性质。

关于角色,如前文所述,在各大报章连载前就已经公布。通俗来讲,就是事先已有一个角色设定,虽然不清楚具体是由谁创作,但应该存在一个"献纳"给翼赞会的统一版本。

根据调查,只有《朝日新闻》的报道里有"公开的模板为基协会委员横山隆一氏所绘"这样的说明,使用了与其他报纸不同的版本。从这篇报道文章中也可以看出,当时将角色设定称为"模板"(model)。此外,与报纸版本不同,《写真周报》第145号刊载了由中村笃九所绘的"模板"和设定(图1)。该版本中的每个角色都配了三百字左右的文字介绍。也就是说,视情况不同,至

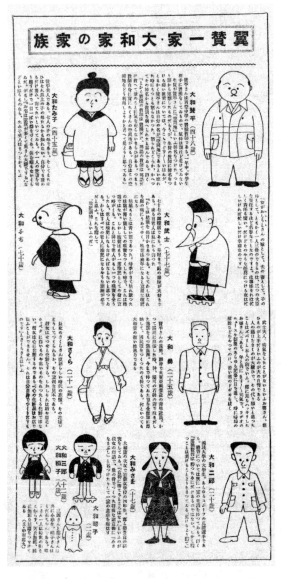

图1 中村笃九:《翼赞一家·大和家的人们》,《写真周报》第145号,1941年1月1日

少存在三种角色模板，其中《写真周报》版可能是官方设定之一。这样推断的一个依据是，《写真周报》创刊于昭和13年（1938）2月，为内阁情报部编辑和刊行的画报杂志。此外，中村笃九是《翼赞一家》的项目负责人。关于中村笃九的负责人任职，在新日本漫画家协会昭和14年（1939）11月30日议事录中的"决定事项"有记载（小川武笔记《No.227漫画界的动向》，埼玉市立漫画会馆收藏）。

接下来我们来看一下这个"官方设定"的内容。

比如，大和赞平这个角色，他的年龄设定为48岁，职业是青空中学的体育老师，并附有以下短文对其加以介绍：

赞平是青空中学的体操老师。因为一年到头对着中学生练体操，所以心态没有头顶看上去那么老。

学生们给赞平起了个"空闲地"的外号，或许是从他的头顶联想而来的。但在此不想唠唠叨叨地讨论学生给老师起外号的恶习，总之赞平知道自己的绰号是"空闲地"时丝毫没有生气。他不仅没有生气，反而觉得受教于这个外号而感到很开心，他说：

"总有一种体操老师就只教体操，英语老师就只教英语，别的事一概别关心的倾向。也就是说，教师自身其实有许多的空闲地。我想思考一下自己应该如何利用好这片空地。"

（中村笃九《翼赞一家·大和家的人们》，《写真周报》，
昭和16年1月，情报局）

像这样加上各个角色的年龄和职业等个人信息，通过小短文的形式让读者能想象出角色的性格的做法，与我以原作者身份向漫画家们提出角色方案时使用的角色设定表（Character Sheet）是

同一种方法。这种做法能够有效地让读者理解角色的性格和行为动机。

理所当然的是，中村笃九的这个官方设定与大政翼赞会发行的《大政翼赞会会报》第 2 号上所刊《漫画〈翼赞一家〉的出现》的设定非常一致。大政翼赞会版本也是"丈夫赞平氏（48 岁）是某中学的体育教师"。虽然翼赞会发行的《会报》是更为官方的媒体，但还是与各家报纸一样，采用介绍文章的形式宣传《翼赞一家》。在各家报纸上的《大和一家》公告报道中，包括各个角色的年龄或者赞平是"某中学的体操老师"等这类信息也都基于中村的角色设定。

此外，中村设定里的"大和樱（21 岁）"或"大女儿樱刚刚出嫁"的要素，在《会报》里则是"即将成为新娘的大女儿樱（21 岁）"，两者并不矛盾。这部分的角色设定，与小说版中以樱的结婚为内容的章节也体现出一致性。

另一方面，报纸的文章里也可以看到一些在中村文中没出现过的角色设定。不知除了中村版之外，是否还有其他的官方设定文章存在于翼赞会等协会之中，或者是因为仅仅下发了角色表和街道地图后，就在各种商讨会上由翼赞会等协会向记者们随意说明，因此造成若干错误。关于这一点，我虽然很感兴趣，但目前并未完全查明。

给漫画角色设计年龄和家庭状况等详细的人物设定，在现在的读者看来或许是理所当然的事。但在大正末期至昭和初期并不多见，比如《朝日新闻》上连载的人气漫画《小正的冒险》，儿童读者们寄来了各种提问信函，咨询包括小正的全名和家庭构成，甚至还有跟小正一起冒险的松鼠的名字等。当时的报纸报道了记者们因无法回答这些详细提问而窘迫的样子。因此，在漫画领域从何时起,以及如何开始实施这样的角色设定信息化,是我很感兴趣的问题,同时这也是动漫史中角色成立史的关键。

作为世界观的"街道"与"邻组"

与角色设定相对应,《翼赞一家》还有另外一个设定上的特征,就是现在所说的动漫的"世界观",在《翼赞一家》中附有一份专属的街道地图。街道作为作品的世界来讲非常微型,但我们后面会说到,正是这种微型体现了翼赞体制下政策性的一面。因此,在一系列的报纸报道中,除了角色介绍外,一定还有另外一项关于街道的说明,比如下面这则:

大和一家周围的格子街区里,住着"邻组"组员。有某部门的高级官员、实业家、家里孩子很多的商店掌柜、军需工厂的工人、开酒馆的、开鱼店的和开菜店的,还有忠厚老实、乐善好施的木匠——邻组组长。他们作为配角随时出现在故事中。

(《"翼赞一家"的登场》,《朝日新闻》昭和16年12月5日)

从这个描述中可以看出地图里每户家庭都有其自身设定。有意思的是,更加详细的街道设定不在《写真周报》中,而是在《大政翼赞会会报》里。

此外,以大和家为中心的邻组也很多样具体,不仅有大实业家的宅邸、某部门高级官员的官邸,还有家里孩子很多的商店掌柜、军需工厂的工人。街角住的是开酒馆的,开菜店的对面是开药店的,还有开荞麦面店的,以及久居此地的老木匠。十一幢房子鳞次栉比,组成团结友爱的模范邻组,在新体制下发挥着邻保[1]精神。根据最近召开的例会,街道一致推选了忠厚老实、乐于助人、德高望重的木匠为邻组组长。大和一家与组长木匠家是隔壁的邻居,一家总动员首先要通过强化邻组精神来愉快地开拓翼赞之路。这就是漫画《翼赞一家》的梗概。

>　　(《漫画〈翼赞一家〉的出现》,《大政翼赞会会报》第2号,昭和15年12月15日,大政翼赞会宣传部)

在《朝日新闻》的报道中,文章虽短却两次重复"邻组"一词。在《大政翼赞会会报》中也强调了这个街道是模范邻组。此外,文中随处可见邻保精神、例会等与邻组制度的推广和运营有关的新体制用语。从中可以明确地读出翼赞会希望在《翼赞一家》的街道里赋予的政治意图。

也就是说,在每篇《翼赞一家》公告报道中一定会出现的地图,不是单纯的街道而是代表了邻组的理想图景。因此,对于《翼赞一家》来讲,这份地图与角色同样重要,甚至比角色更重要。

街道上生活的人们由大企业家、官吏、职工、菜贩等各种阶级和职业组成,同时他们又都是邻组这一组织的构成人员。其中,文中有这样一句"通过例会决定以德高望重的木匠为组长"的介绍。也就是说,在《翼赞一家》中名为街道的世界展示了翼赞体制下邻组的样板。

由此,从《大政翼赞会会报》的文章中可以清晰地看出,《翼赞一家》讲的不是大和家自己家里的故事,而是通过街道的设定来推进"一家总动员"和"强化邻组精神"的主题。它不仅在口

---

[1] 指街坊邻居组成的互助小组。——译者注

头上宣传翼赞体制和新体制，而且将其更为具象地呈现出来。

众所周知，邻组是近卫新体制下属的大政翼赞会的末端组织。以邻组为底层建构起了组织化的金字塔，它是保证翼赞会作为国民动员组织有效性的重要一环。《大政翼赞会会报》正因为是翼赞会的机关报，所以更加明确了《翼赞一家》与邻组之间的关系。

那么，我们再深入地思考一下《翼赞一家》与邻组的关系吧。邻组本身是一个怎样的组织呢？这里有必要简要叙述一下。

"邻组"并非传统

邻组是根据昭和15年（1940）9月11日的内务省训令《部落会町内会等整备纲要》而形成制度的"万民翼赞的国民组织"。其最初的构想为近卫新党，之后几经曲折成为全国全党的国民组织。"新体制"的具体实施方式，由大政翼赞会于昭和15年（1940）10月12日发起。因此内务省训令也是为了组成翼赞会而颁发的。训令写道：

基于邻保团结之精神，组织市町村内居民，以万民翼赞的宗旨，为执行地方共同之任务，依据以上纲领整顿部落会、町内会[1]。据此，我们必须努力做出实际的成绩。
　　　　昭和15年9月11日　内务大臣安井英二
（内务省训令第17号《部落会町内会等整备纲要》，
昭和15年9月11日）

1　日语"町内"相当于中文的"街道"。"町内会"为本街道地区居民的自治组织，近似于街道居委会。町内会于1940年形成行政制度，1943年法制化，在"二战"时期是日本政府强化国民统治的末端组织机构。——译者注

第二章　作为故事背景的"街道"世界

严格来讲，此《训令》规定了"邻组"是比町内会和部落会更小的邻保组织。

在町内会和部落会以下，以约十户为单位设置邻保班，并要求邻保班选任代表及召开例会。邻保班被定义为町内会和部落会的邻保实行组织。《翼赞一家》中与角色表一起公布的地图，严格来讲就是这个邻保班的情况。

有趣的是，《训令》里有邻保班（名称视情况而定）这样的表述。昭和15年（1940）6月，NHK广播节目"国民歌谣"中播放的歌曲《邻组》，是该时期翼赞体制下为宣传"部落会、町内会等整备"政策而发行的宣传活动主题曲。歌曲使用的并非官方用语"邻保班"，可见当时为了使该名称更通俗而采用了较为简单的表达。

"邻组"一词在近年的动漫电影《在这世界的角落》中以原声歌曲的形式出现，重新进入年轻人的视野。从《邻组》这首歌中或许可以产生一种田园牧歌式的联想。然而它实际上是在战时新制度下为了国民动员而设计的实施组织，这一点从内务省的以下文件中可以看出：

这是为了将一亿同胞团结为一体，共同完成大正翼赞之臣道的组织。同时，国家新体制的确立也要求整顿国家的行政组织以提高行政效率。一直以来，中央的行政机构经历了几番制度改革，如今为了强化国家的行政能力，须设立地方行政的下属机构，使它时刻处于与国民接触的位置上，负责运营行政。这是为应对战时环境而充实强化管理的必要方式。

（自治振兴中央会《部落会·町内会等的整备方针》内务省）

从该文件可以明确看出，邻组是为了新体制的整顿而设立的，它是旨在强化行政能力的地方行政下属机构。

在席卷政党及民间的新体制运动与内务省之间，它们关于邻组问题其实有一些微妙的龃龉。具体就是，邻组到底算是翼赞会的下属组织，还是一种行政机构，当时两方关于这个问题相互角力。或许正因如此，内务省管辖的《写真周报》上《翼赞一家》以人物角色为中心，而《大政翼赞会会报》则侧重强调邻组这一组织。

另外，可能很多人会以为邻组这一词源于江户时期的"五人组"这种传统的说法。但是，通过内务省文件可以看出，这是一个昭和初期新设立的制度。虽然现在也偶尔能看到将邻组与历史传统相结合的说法，但关于这一点需要多加注意。出现这种关于传统起源的争议，是因为新制度下发行的很多邻组指南里，有不少会写到邻组组织起源于大化改新的五保制度，经历了近世的五人组、十人组而发展至今。比如，铃木嘉一著《邻组与例会》中就写道："大化改新之时，从中国引进五保制度"，称其起源于中国。

五人组制度作为最末端的地方组织，在中国自周代始逐渐演变成今天的"满洲"[1]的保甲制度，在维持地方农村的治安上起到了重大作用。

（铃木嘉一《邻组与例会——例会运营的基础知识》，

昭和15年，诚文堂新光社）

1　满洲，即中国东北地区，当时成立了日本傀儡政府伪满洲国。——编者注

这是因为日本有意将诸如邻组这样的翼赞会下属组织扩大至伪满洲国等殖民地。而实际上,《"满洲"日日新闻》报纸上也刊登了该书的广告,因此归根结底关于传统起源说不过是为了满足使用者的需要。

如此看来邻组是新筹备成立的新组织,因此在当时也有说法说它借鉴了纳粹德国的"block"制度。当时出版了各种关于邻组的实施指南类读物,时任日德文化协会理事兼主事的沃尔特·唐纳德[1]就其中熊谷次郎所编《邻组读本》一书发表了如下言论:

> 德国的 block 是纳粹党的细胞组织,日本的邻组是地方自治体的细胞组织,从这个意义上来讲是有本质区别的。但是日本也在国家行政组织之外,成立了大政翼赞会这样一个国民组织。邻组作为其细胞组织,不仅是一种自治行政组织,似乎也承担着其作为国民运动实践组织的功能。因此这样一来,虽然纳粹是政党而大政翼赞会非政党,两者有根本的不同,但纳粹党已与获得政权之前的党有本质区别,如今不仅不存在其他反对党,我党也已不再是为了某一阶级、某一地区伸张利益的代表。如今的纳粹党是全体国民的代表,与国家融为一体,从这一点上讲与既往的政党也有所不同。
>
> 因此,在国民组织大政翼赞会下发挥作用的邻组,其本质与德国的 block 没有什么不同。
>
> (沃尔特·唐纳德《德国的邻组组织》,熊谷次郎编《邻组读本》,昭和15年,非凡阁)

---

1 沃尔特·唐纳德,日文表记为"ワルテル・ドーナート",英文表记不详。——译者注

唐纳德想说明的是，本来"block"是纳粹党的细胞组织，"邻组"是行政机构的细胞组织，两者性质不同，但翼赞会却是一个政治组织，邻组作为其末端，实质是一个国民运动的实践组织，因此具备与"block"相同的性质。从这个叙述中可以看出，邻组作为内务省训令中描述的行政机构末端组织的性质已然消失，堂而皇之地成了翼赞会即纳粹式组织的细胞。

如果不知道在战时是这样描述邻组的，我们甚至还会误以为邻组是日本的一种传统美德呢。

邻组作为都市政策

并且我们也很容易相信，昭和初期的东京等都市里依然残留着"町内会"这样的优良传统。然而东京在整个近代过程中不断向郊外扩张导致城市规模"肥大化"，这也是不容忽视的事实。因此，在翼赞会发起筹备邻组活动之前，为了应对城市化问题，东京等都市从昭和10年（1935）左右就已经开始了对"町会"的情况调查。对此，许多"邻组"指南中也有所涉及，例如，刚才提到过的《邻组读本》中就有以下章节：

嘎啦一声拉开门咱的邻组
拉开了格子门咱都是熟人
请大家传阅吧巡回板报
重要消息告诉我我也告诉你

自从东京诞生了邻组，就像这首国民皆知的歌谣一样，我们普通市民的都市生活发生了天翻地覆的变化。

秋意浓不知邻人为何人焉

迄今为止，我们的都市生活就如芭蕉俳句中写的——与邻居毫无交集。在街上或在澡堂里碰见了也不打招呼，甚至会故意别过头去假装没看见。我们交往的对象只有同事和同乡。这就是急剧膨胀而发展起来的大东京的实际情况，也可以说是职业复杂性与居住移动性带来的结果。人们会觉得这是理所应当的，甚至有的市民觉得这样倒省了麻烦。

首先我们得有一个认识，即在都市空间中人与附近街坊甚至隔壁邻居也毫无交集，这是一种常态，而这种状态是东京这一都市空间的膨胀所导致的。

在昭和初期这个时间节点，人们广泛意识到像这样的"不知邻人为何人焉"的都市现象是一种社会问题，这一点，在昭和6年（1931）出版的柳田国男的《明治大正史·世相篇》中可以看到。当时柳田任《朝日新闻》的论说委员，那个时代的报纸在形成社会讨论方面远比现在有影响力。该书是柳田以"现代"（当时来讲的现代）为对象的学问尝试，开篇所附的照片中呈现了房屋井然排列的新兴空间，该照片名为《第二故乡》。柳田把这种使人与人之间变得孤立的城市问题称作"孤立贫"。

这一时期，柳田国男积极探讨自昭和以来急剧增加的母子自杀问题，认为这是"孤立贫"的象征。因为柳田认为，母子自杀的增加是由于本应为母子单亲家庭提供帮助的邻居和家族等共同体未能充分发挥其机能。

因此，在训令刚提出时，城市居民特别是知识分子里有部分人持消极态度。并且有一些悲观的论调认为，城市中邻保缺失的问题不是这么简单就能改善的。

例如,《文艺春秋》昭和15年(1940)9月号的近卫新体制特辑中有以下报道:

> 邻组在住宅街区似乎无法顺利推行。巡回板报虽然传来传去,但基本上写的都是没用的事。居民的门上会挂上"值班"的牌子,但是问负责人:"这是值的什么班啊?"对方却答道:"唉,牌子挂上就行了。"
>
> 为什么邻组在住宅街区无法顺利推行呢?大抵是因为大家平常本就毫无交集吧。
>
> (石川达三《住宅街区的邻组》,《文艺春秋》,昭和15年9月号)

> 太郎和次郎多年来一直住隔壁,太郎家算上院子大概有一千坪[1],次郎家算上汽车车库约有一千五百坪。因此太郎家的玄关距离次郎家的玄关有一町[2]之远,所以两人从未打过照面。(中略)现在两家成了同一个邻组,巡回板报会传到他们家。板报传来后,在上面盖印章的不是太郎也不是次郎,而是两家的女佣花子和千代子。(中略)
>
> 虽然实际未必如此,但邻组往往就成了女佣们的亲善组织,巡回板报也成了流水摆设,这样的情况恐怕也是存在的。
>
> (中村笃九《我所注意到的邻组》,《文艺春秋》,昭和15年9月号)

这些文章似乎都在探讨城市中邻保缺失的问题,但作者们都以住宅街区为对象,对于新兴住宅区中人际关系淡薄和贫困阶层

---

1 坪,源于日本传统计量系统尺贯法的面积单位,主要用于计算房屋、建筑用地之面积。1坪约合3.3平方米。——译者注
2 町,日本的长度单位。1町约合109.09米。——译者注

的"孤立贫"等社会问题坐视不理。石川达三曾因写作涉及南京大屠杀的《活着的士兵》而被判刑,此时正处于三年缓刑期中,因此他的消极论调不难想见。但连《翼赞一家》的负责人中村笃九都在暗讽邻组的象征巡回板报不过是个摆设,这令人感到意味深长。

但在这篇散文发表三个月后,中村笃九就成了赞美邻组的《翼赞一家》的负责人。不知是否出于对此前失言的介怀,《翼赞一家》里的街区特意设置了资本家的住宅,以此来显示邻组可以成为城市中社群缺失这一都市病的解决办法。

在这意义上,战时情报局顾问同时也是广播评论家的水野正次,试图站在听众的立场上谋划国民运动,于是他所提出的这个邻组必要论就显得十分重要。

相信大家也能充分想象到,邻组和部落会日常组织的训练在这种时候就会起到多么大的作用。如果有人说只要做好思想准备,日本人就不需要邻组或町内会来组织训练。那么请想想东京大地震时的混乱,大家都恐惧××人的袭击(而这毕竟是不可能的),而提着竹枪、拎着日本刀喊打喊杀乱作一团。请想想当初地震时日本人的混乱和丑态吧。

(水野正次《战争与邻组》,昭和16年,宣传社)

水野引出关东大地震时民间自卫队虐杀朝鲜人的事件,从而将邻组摆在约束城市居民动乱的位置上。其实邻组的存在反而会强化同辈压力(peer pressure),因此大概会起到反效果,但也导致诸如水野这样的论调出现。虽然水野正次与柳田国男的"孤立贫"探讨的是不同问题,但以上几种见解的共通之处在于,他们都意识到在城市里以邻组为前提的邻里互助美德早已不复存在了。无论是否恰当，整顿邻组最开始是包含其作为城市政策的一面的。

另一方面，昭和初期在世界性恐慌中遭受毁灭性打击的还有以农业、渔业为支柱的山村和渔村，在这些山村、渔村中也发生着地方经济共同体的解体。因此，重振邻保组织，也是当时束手无策的政府打出的一种地方政策牌。

> 充分发扬农村部落中固有的邻里互助美德精神，贯彻于其经济生活之中，以期有组织、有计划地革新山村、渔村之产业经济。
> （《关于山村渔村经济更正计划》之"农林省训令"，昭和7年8月）

束手无策的日本政府在世界性恐慌中，企图以邻里互助美德拯救农村经济的疲软和解体。该政策在新体制下也继续实施，对于农村和传统性城市，可将"惠比寿讲"[1]等地方区域共同体中的民俗习惯性集会转化为邻组的例会，这样的做法也被写入邻组指南之中。

如上所述，邻组并非植根于传统美德，而是在近卫新体制下被创造出来的传统和被改造的传统。当时也没有刻意隐瞒此事，而是光明正大地写在发给普通民众的指南当中。

关于《翼赞一家》周边的报道

作为新体制组织，内务省将邻组的主导权逐渐移交给了翼赞

---

1 惠比寿讲，亦称惠比寿节，是日本民间祭拜七福神之一的惠比寿，祈祷商业繁荣的集会。一般于每年10月20日或11月20日举行。——译者注

会。在此过程中，翼赞会开始策划《翼赞一家》并将其作为翼赞会的细胞——邻组的宣传手段。

对于这个利用《翼赞一家》来宣传邻组的政治方针，各报社都很忠实地参与了宣传策划。关于这一点，我们可以看一看报纸上关于《翼赞一家》与周边报道的排版方式，众所周知，报纸的排版是报社提供给读者的"文脉"。

《朝日新闻》和《读卖新闻》分别将《翼赞一家》放在《家庭》和《女性》栏目里。与此同时，《家庭》栏目也是刊载邻组相关报道的园地，因此漫画《翼赞一家》与邻组相关的报道文章是排在一起的。

例如，刚刚开始征集读者投稿的《翼赞一家》时，在《朝日新闻》昭和15年（1940）12月12日的报纸上，与《翼赞一家》同页刊登了征集《本月例会课题》的文章（图2），是一个向读者征集各邻组例会报告的策划案。该策划案希望读者将自己所在的邻组例会上决定的重要事项向报社投稿，通过登报与社会广泛共享。也就是说报纸将邻组题材的漫画和例会相关的征稿策划案归为一类。

《朝日新闻》对于这种邻组漫画加例会征稿的组合策划项目格外积极，除了向读者征集漫画和例会决定事项之外，还出版了一本投稿合集《邻组的方法》（图3）。该册子以《翼赞一家》中的大和老人为封面，内容为町内会的会长们探讨邻组发展方法的一个投稿合集。

《读卖新闻》也将《翼赞一家》与《邻组新闻》栏目同版刊载，两者多紧连在一起（图4）。《邻组新闻》栏目会回答读者关于例会和邻组运作的相关问题，同时也会刊登邻组标语征稿的获奖标语。从这一点上来讲，《邻组新闻》也是一种征稿策划案。该

"今月常會の課題"募集

大政翼賛の礎ともいふべき隣組常會、部落常會はますます增加し、その活動も見るべきものが多いのですが、一方適切な議題の缺乏から、折角の常會を其儘無意味に散會するといふ聲をも聞きます。民一億が力を併せて新体制下の大行進をなす今日、積極的に常會を開き、下意上達の實を擧げることが臣道實踐に外なりません。本紙は廣く各常會に呼びかけて席上の議題を取り纏め優秀なるものを「今月常會の課題」として本欄に紹介、常會の在り方を明かにし「模範なる常會」の盛りを一層したいと存じます。皆様の協力を俟ちます。

應募規定

◇字數　五百字以內
◇內容　今月の常會の議題または決定事項
◇締切　每月十日、今月に限り十八日
◇送り先　東京麴町區有樂町　朝日新聞東京本社學藝部（常會原稿と附記されたし）
◇紙上掲載の分には薄謝を呈す
◇原稿は返却せず

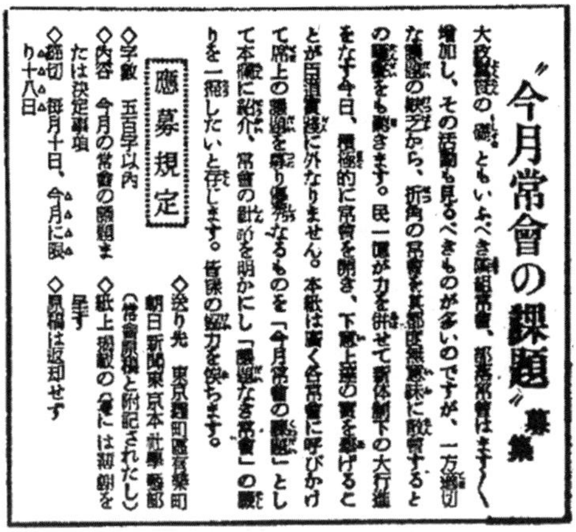

图2　《本月例会课题》，《朝日新闻》，1940年12月12日。该文章在向读者征集他们的邻组例会本月讨论了什么内容、决定了什么事项

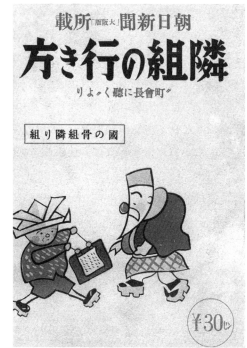

图3　《邻组的方法》，兴亚书院，1941年4月10日

图4 《邻组新闻》，《读卖新闻》，1940年12月10日

栏目中获奖标语之一是"促进下意、发扬上意"[1]，仿佛是让全体国民一起体察上意、迎合君主的意思。

此外，"邻组新闻"是由东京都町会课[2]来负责回答读者提问的，而旁边就刊登着翼赞会主导的《翼赞一家》。这也显示出邻组同时作为行政末端组织和翼赞会细胞组织的二重性。

下一章我们将会谈到邻组之所以与这种读者参与型项目相关联，正是因为邻组本身就是一种协作行为的实践场。在这层意义上，《翼赞一家》也必须是一个模范邻组。那么在《翼赞一家》的各种故事中，是如何描述邻组的呢？

上文提到的训令中要求在邻保班内举行例会，而《大政翼赞会会报》上关于《翼赞一家》的介绍文中也出现了召开例会的设

---

1 日语中"下意"指民众的想法、意见。"上意"与中文相近，指君主的想法、意见。此处为呼吁民众积极推进政府高层命令之意。——译者注
2 课，日本的行政机关、公司等组织的较低层级，一般低于局、部，高于股。此处的"东京都町会课"为东京地方政府中负责街道事务的行政部门。——译者注

定。因此，可以看出例会经常在作品故事中出现。

这个例会并不是邻组内街坊邻居们的社交组织，而是为了让邻保组织能起到翼赞运动的细胞作用而设置的实践组织，或者说是实践活动的最小单位。在下一章我们还会谈到，新体制要求国民必须是自发式参与，因此例会也必须是居民们自发运作的组织。

> 如今我国无论城乡，例会的运作都蓬勃兴起。（中略）
> 　　这正是国民自身涌现出的力量，也是时代沸腾的热量。这正是直面祖国纪元二千六百年来未曾有之困局，而首次可以完成的兴国大业，也是整顿国内的一项基础工作。
> 　　　　　　　　（铃木嘉一《邻组与例会》，昭和15年，诚文堂新光社）

由此可见，一边由内务省发出训令，堂而皇之地称其为纳粹式block，但另一边却又说例会不过是由国民自发形成的组织，极力表现出民众的热情与企盼，这是战时政策的一大特征。为了呈现出这种国民的自发性，为了使邻组例会的运作可视化，从而准备了各种各样的关于邻组的投稿策划案。前文所述的《翼赞一家》漫画及脚本等的征稿活动就是其中一环。我们可以看到，当时的文章常常将邻组描述为一个"上意下达、下意上达"的双向组织，可以说向民众征稿的活动恰恰表现出了翼赞会的这种双向性。

在南达彦所写的《大和一家物语》(小说版《翼赞一家》)中也有一段以例会为题材的情节，名为"某夜的例会"，讲的是街道上有两家卖糕饼[1]的商店，其中一家店因为男人去打仗了，只

1　原文为卖"パンジュウ"（Panju）的商店。作者解释"パンジュウ"为当时的一种日式点心，类似于今川烧，因做法融合了面包（"パン"Pan）和日式豆沙包（"マンジュウ"Manju）而得此名。——译者注

有妻子辛苦经营维持生活，另一家店得知此事，觉得跟对方抢生意十分过意不去，于是就把店关了。大和家的奶奶富士知道这两家糕饼店的事情后非常感动，为了让街道上的邻居都知道这段佳话而自发地召开了例会。

我们注意到这段故事想要表达的是，例会不只是为了让邻组的街坊四邻知道这个故事，即糕饼店为了不妨碍前线军属家的生意而关闭了自家店铺这一段佳话，更着重表现例会是源自民众自发的热情而召开的这一关键点。

第二天，木匠丰田给各家传阅板报，通知大家今晚召开临时例会。板报上写着时间为"七点岩守"，"严"（嚴）字误加了个山字头，变成了岩（巖）石的岩，显得滑稽可爱。

各家老小都来了。这次正好轮到在木匠会长家召开例会，坐垫不够，大海原家拿了些来，伊八家又拿了些茶杯来。唯独这房间狭小，无法从大海原家借些地方来。

（南达彦《大和一家物语》，昭和16年，东成社）

按照报纸要求的人设，木匠丰田给各家传阅板报、召开例会，出人意料的是这里还写下了召开例会的具体计划。

在连环画剧《翼赞一家·阿三卷》中，以大和家的三儿子"三郎"为主角，有一段名为"我家的例会"的情节（图5）。

今天是我家的例会。例会是家里人聚在一起，聊聊自己最近做了什么、看了什么、想了什么。我讲了骑驴的事情。

（高桥五山《翼赞一家·阿三卷》，昭和16年3月30日，全甲社连环画剧刊行会）

图5 高桥五山：《翼赞一家·阿三卷》，1941年3月30日，全甲社连环画剧刊行会

从上文可以看出家庭会议也被称作例会。这里不仅证明邻组的例会鼓励全家老少都参加，因此孩子们从小就习惯了例会，更加显示了家庭就是最小的邻组，家庭与邻组被看作相似的组织形式。

刷新战时"日常"

由此可见，《翼赞一家》中的街道是一个经常召开例会的小社会。顺便一提，写作小说版《翼赞一家》的南达彦是活跃于战时和战后的幽默小说家，还写过以北泽乐天笔下人物——茶目与凸坊为主角的小说（图6），可谓角色小说[1]的先驱者之一。

南达彦《大和一家物语》的后记中有关于"町内"的讨论，他如下写道：

> 可以想见，翼赞会及漫画家们为了创作这些人物形象付出了巨大而真挚的努力。与此同时，当我看到大和一家周边街坊邻居的全景图时，又能想象出无数奇妙复杂的话题和人物之间发生的故事。这全景图仿佛数学里说的排列组合一般，一处串联一处，另一处串联另一处，而另一处又串联到此处，紧紧联系起市民生活及大和一家每个人物之间的交流。在战时背景下，市民生活由个人主义转向全体协作，由此产生出充满人性的和令人发笑的过程与结果。这令我充满了创作的欲望。
>
> （南达彦《大和一家物语》，昭和16年，东成社）

---

[1] 角色小说（キャラクター小说）为作者大塚英志提出的概念，详见《角色小说的创作方法》（讲谈社，2003年）等论著。——译者注

图6 漫画《凸坊》小说化,南达彦:《漫画童话凸坊和茶目》,金星社,1933年7月5日

　　南达彦这段话其实是在说,比起角色设定,大和一家周边街坊邻居的全景图即"故事里的世界观"更能令他想象出这个虚构世界。而实际上,《大和一家物语》里确实没有刊登人物角色表,而是把街道地图作为封面放在了开篇。南达彦从街道地图感受到市民生活的联系,继而发现市民生活由个人主义转向全体协作的主题,这是多么惊人的观察力与理解力。新体制下的意识形态就是克服自由主义和个人主义,它与其说是蕴含在角色设定里,不如说是蕴含在街坊邻居的全景图之中,而南达彦准确地捕捉到了

第二章　作为故事背景的"街道"世界

这一点。

另外，值得注意的是南达彦两次重复使用了"市民生活"一词，因为邻组在一定时期内，首先被认为是新体制运动下的日常生活实践场。正因如此，《翼赞一家》也必须表现新体制下的日常生活。这一点从《朝日新闻》上《征集漫画"翼赞一家"》公告中即可看出："因此在家庭方面，让这样愉快、开朗的一家人登场，希望大家能据此描绘出翼赞生活之百态。请大家以自己日常生活中的新体制气象，及其他灵感为素材创作漫画，踊跃投稿。"[1]

说起翼赞体制，人们会有一种"非常态"的感觉，然而当初强调的其实是"日常"。但从征稿文章中也可以看出，这种所谓日常指的是新体制下的新日常。换言之，所谓新体制就是一种日常生活的更新运动。"生活"与"日常"都是近卫新体制下偏爱使用的政治词语。

正因如此，需要利用《翼赞一家》提供一种新日常的模板。昭和16年（1941）1月5日的《大阪每日新闻》上刊登了由新日本漫画家协会轮流连载的漫画《咱们翼赞一家》的第一集，而排在漫画旁边的是一篇名为《受欢迎的大和一家·市民生活新体制展开幕》的文章（图7）。

大阪七万个邻组团结一致，成为全国先驱，展示自新春伊始就付诸实践的市民生活新体制运动。由大阪市主办、大政翼赞会协办的"市民生活新体制运动展览会"已于4日起在心斋桥崇光百货揭幕。前来参观者络绎不绝，其中最受欢迎的就是漫画洋片《大和一家》所展示的新体制生活的12个月。

---

1 《朝日新闻》昭和15年（1940）12月5日。

图7 横井福次郎：《咱们翼赞一家》和《受欢迎的大和一家·市民生活新体制展开幕》，《大阪每日新闻》，1941年1月5日

从1月的实践项目"新生活的开始"到12月的"反省与希望"，洋片对每个月的实践目标都进行了详尽易懂的讲解。这个展览区里参观者摩肩接踵、人头攒动。此外，友之会指导的《会存钱的愉快家庭》中展示的生活预算明细表也吸引了妇女、儿童的目光。

另外，坂间市长和森下副市长亦于当天下午来此参观。本应于同日开设的邻组咨询所，因准备过程延误，将推迟至9日开设。此展览会期到本月24日为止。

(《受欢迎的大和一家·市民生活新体制展开幕》，《大阪每日新闻》，昭和16年1月5日)

第二章 作为故事背景的"街道"世界

《大和一家》(《翼赞一家》)的洋片展并非以街道空间,而是以12个月这种时间轴的方式来展示新生活。1月的实践项目是"新生活的开始",这正契合了前一年翼赞会成立后开始通过以大和一家为角色模型表演来呈现日常生活的新模式。

此外,关于邻组即日常生活中翼赞体制的实践场这一问题,《红发安妮》的译者村冈花子在以下文章中有明确论述:

大人孩子一起为了宣传而进行的实践并不令我动容,希望我的邻组能在真正意义上通过日常生活来实践职域奉公[1]。

(村冈花子《邻组笔记》,大正翼赞会宣传部编《随笔集·我的邻组》,

昭和17年,翼赞图书刊行会)

村冈在这篇散文中批判了被媒体采访的模范邻组的相关人员将自己的邻组活动用于自我宣传的行为,并在此基础上强调了真正意义上通过日常生活进行实践的行为。

该发言是寄给大正翼赞会宣传部编的《随笔集·我的邻组》的稿件,出版于昭和17年(1942)。因此,村冈是站在整顿邻组以及实施新体制运动一年多以来的时间节点上,强调日常生活作为真正意义上的运动原点的重要性的。

如上所述,在新体制下,日常生活变成一个特权领域。邻组的特权化在于它是将"生活"改革成真正意义上的实践场,这一点我们从上文村冈的叙述中可以看到。然而与此同时,"生活"的特权化在小说《大和一家物语》中也能看到。

---

[1] "职域奉公"一词为战时日本第三次近卫内阁提出的宣传口号,指从事所有职业的人都通过其所在的"职业组织"协助国家完成战争。详见橘朴《职域奉公论》(1942)等论著。——译者注

药店老板操着天生的大嗓门，不知是提意见还是吵架似的说道："邻组像这样搞各种活动是挺好的，况且如果说是展览会的话，听上去也挺光鲜亮丽的。应该再多搞一些活泼的、不虚伪的活动，或者说是渗透进生活本身的展览会。"

（南达彦《大和一家物语》，昭和16年，东成社）

小说中这段话出现的背景是邻组在搞废旧物品再利用的展览会，这是战时鼓励开展的街道活动之一。从这段话里可以看出，展览会在语感上特有的光鲜亮丽感，或者说是远离庶民阶层的权威感，被拿来与民众的生活本身相对照，而日常生活则被摆在更为重要的优势地位上。《翼赞一家》中经常会描写诸如此类的新生活。

另一方面，在《翼赞一家》作品群中也有如长谷川町子版的弱化战时语境来着重描写日常生活的作品。然而那所谓的日常生活，其实也逃脱不了新体制框架下的规定。以现代人的感觉来讲，虽然可以说是弱化了战时的语境，但并不能说它就完全没有描绘翼赞体制。

另外，这种新体制下的生活更新，实际上也可以说是生活科学化的过程。因为即将到来的大战是一场科学战，所以对国民的科学启蒙成为重要的战时意识形态。关于这一点值得另写一本书来讨论，因此这里不做过于深入的说明。但"科学之心"确实是那个时代的口号，与"日常生活"相同，"科学"也是新体制用语的一个关键词。

因此，《大和一家物语》中也描绘了以下光景。

"大和君，今年的星象好像可以看到丑年的九曜星呢！"

"旧体制！旧体制！"

"啊，对哈，"三岛拍了一下手，"说什么星象，这简直是旧体制！"

正在这时，修剪花草的老武士走了过来。

（同前书）

这段对话是在说星象是一种迷信和伪科学，是旧体制，与以科学为国策的新体制不相符。关于以科学主义否定迷信的问题，在诗人小熊秀雄所著的《儿童报社》中也可以看到。当时小熊秀雄经内务省引荐成了中村书店的编辑，并以旭太郎的笔名发表了该作。该作品以小学生为村民破除迷信、进行科学启蒙为题材。可以看出，新体制在强调心和精神的同时，其本质其实是唯物论。

首先要看清这一点，才能看到战时下的"日常"。

"邻组"为何没有"围墙"？

我们应再从南达彦的小说里看一看这种翼赞体制下的日常生活，比如以下这段描写：

就像歌词里唱的，几间房连成一家。这邻组中的每家每户之间大约正好隔着够一个人穿行的空当。

（南达彦《大和一家物语》，昭和16年，东成社）

歌词大概指的就是国民歌谣《邻组》中"拉开了格子门咱都是熟人"这一句。这里轻描淡写地提到了邻居两家间没有围墙只是隔着够一个人穿行的空当,该描写在《邻组与例会》的以下章节中也可得到印证。

  我们经常说例会的目的在于努力实践邻保相助的精神,但相助还不够,必须要实现邻组一家。对于街坊邻居间毫无往来的城市人来讲,邻居间相识互助无疑是一大进步,但邻组更是一家。不需要栅栏,围墙也撤掉,这样才能逐渐消除内心的障碍,通过形而下走向形而上,真正实现邻组一家。

(铃木嘉一《邻组与例会——例会运营的基础知识》,昭和15年,
诚文堂新光社)

  实际上在邻组的相关资料里,栅栏和围墙经常被认为是阻碍城市交流的象征。因此消灭栅栏和围墙等邻里间的屏障正是邻组的理念。这样一来街道整体才能成为一家,"几间房连成一家"亦由此而来。像这样能够自由出入的围墙,会被视为"连内心障碍都可消除"的象征。通过上文可以看出,之前关于例会的故事里,邻组各户都在例会上共享了糕点店的佳话。心与心之间产生一种"形而上"的团结感,是通过不设围墙的这种"形而下"行动而实现的。

  正因如此,《大和一家物语》里其他情节中,也有意无意地反复描写了围墙的拆除:

  如果大家彼此都能拆掉围墙的话,就能实现有趣且充满欢笑的一天了。

(南达彦《大和一家物语》,昭和16年,东成社)

这是前文提到的邻组举行废旧物品交换会时的台词。小说中的人物想说的是，如果大家通过拆除彼此心灵内的围墙实现内心的团结，那么活动也就能取得成功。

此外，一家的团结、邻组的团结，也涉及排除其中"影响团结的因素"。

因此，邻组的日常生活中也会描写全家齐心协力揪出间谍的桥段，以下段落是报社记者采访大和一家的孩子们如何逮捕间谍的经过：

"小伙子、小姑娘，让我给你们拍张照片吧。"记者说道。

"是打算登在报纸上吗？"赞平从玄关走出来含笑张望。

"那人是××乐器制造会社所雇的波兰钢琴技师，我们找到了他做间谍的证据。今天就去他家逮捕，但他一早逃跑了，现在正在追捕当中。"

（同前书）

邻组的任务之一就是"制定防间谍、防罪犯的相应对策"（《邻组的方法》）。也就是说邻组也是一个防间谍组织。我们可以通过以上背景更深入地理解其含义：邻组的日常同时也是时刻提防和监视特工间谍的日常。

如果不能理解当时诸如此类的日常生活，就无法理解以下《朝日新闻》的奇怪悬赏：如果答题中奖，就可以获得对应大和家各个人物脸形的防毒面具（图8）。为了理解该悬赏，我们要看一下前述《邻组读本》中"邻组防空群"这一章。

如果空投毒气弹，有防毒面具的人应立刻戴上防毒面具，其

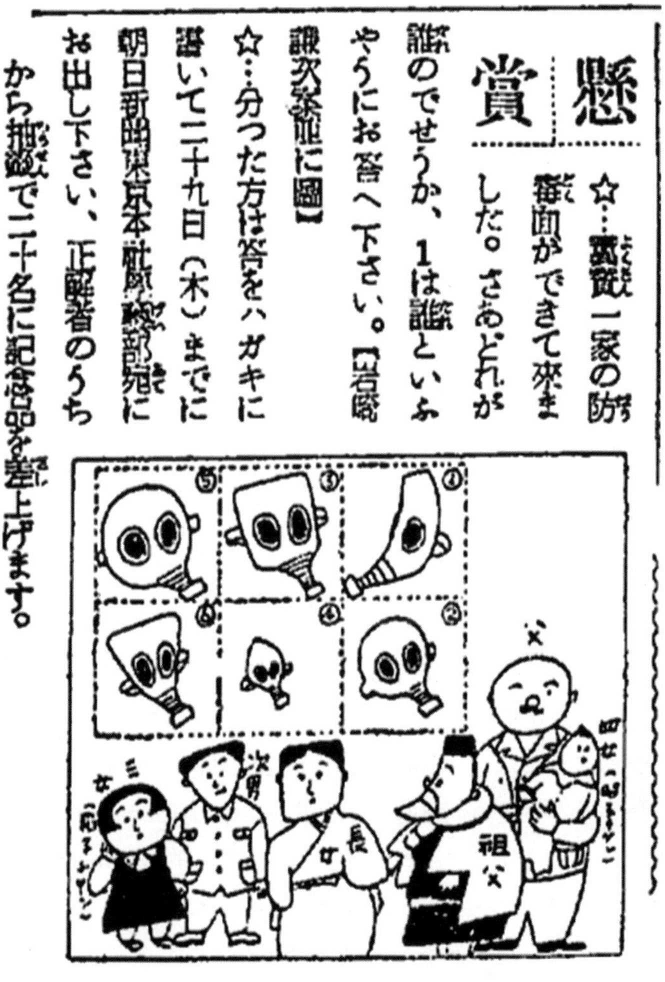

图8 《悬赏》，《朝日新闻》，1940年12月15日

他人应立刻关闭门窗，进入准备好的防毒室或防毒帐篷中。

（熊谷次郎编《邻组读本》，昭和 15 年，非凡阁）

　　从这里可以看出，邻组也是一个抵御空袭的防空组织。当时在呼吁民众警惕燃烧弹和炸弹的同时，还有一样需要注意的就是毒气弹。第一次世界大战时毒气弹被用作大规模杀伤性武器，因此政府为了提高民众对于战争的危机意识而强调毒气的威胁性。堀野正雄拍摄的这张《戒严令下的防空演习》非常有名（图9），虽然拍摄时间早于邻组的出现，但防毒面具也是构成《翼赞一家》中日常的一个要素。

　　新日本漫画家协会给《朝日画报》投稿的《翼赞小街的新春》（图10）中，也浓缩了《翼赞一家》在新体制下的日常生活。该作品由小泉紫郎、森熊猛、森比吕志、南义郎、秋玲二和杉柾夫合作绘制，是横跨杂志左右两页、占全版面三分之二的全景漫画。漫画场景是比报纸上公布的邻组设定还要大一圈的小街，也就是整个街道的场景。

　　新日本漫画家协会将《翼赞一家》的版权献纳给了翼赞会，因此在竞赛式漫画创作时，无法独占角色的使用权。但这部作品却意外地是以新日本漫画家协会的名义发表的联合创作。在这意义上，或者可以称之为被献纳的官方版街道地图。

　　仔细看该漫画的细节可以发现"邻组共同的大门松[1]立起来了"（图11），"哎呀，我还以为是小孩子的例会呢"（图12），我们之前注意到的"共同"和"例会"等邻组用语比比皆是。画中的小孩子在玩飞机模型，因为飞机模型是以科学为基础的航空思

1　门松，日本于新年时在门前装饰的松树或松枝。——译者注

图9 《戒严令下的防空演习》,《时事新报写真新闻》第50号,1936年3月13日

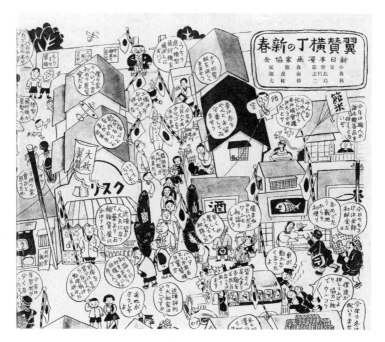

图10～17 新日本漫画家协会:《翼赞小街的新春》,《朝日画报》1941年1月1日号

图11

图12

图13

图14

图15

图16

图17

想的启蒙，是当时所鼓励的游戏（图13）。面对这些孩子，一间房子的主人打开大门邀请他们进去，这是彰显打破围墙的主旨（图14）。墙上贴着"小心间谍　小心火烛"的标语（图15），写着"防空"二字的防毒面具风筝飘扬在空中（图16）。孩子们在各处齐心协力，体现团结协作和助人为乐的精神（图17）。

邻组与冈本一平

我们之前分析的《翼赞一家》小说版及其他对于邻组和日常生活全体面貌的描写，都在这幅全景漫画中准确地呈现出来。除此之外还加入了储蓄和购买国债，以及以"献纳"为名的节约活动，还有战时慰问等各种各样的题材。毋庸赘言，这些题材都是新体制带来的新式生活。正是因为有了一个像这样的总体世界框架，以及在此框架内生成的一个又一个的故事，才能实现不以某个作品为原作，而同时通过多种形式开展创作的媒体组合。在此意义上，可以说人们围绕《翼赞一家》的创造力，完全没有脱离这个邻组的（新）日常生活框架。

小说《大和一家物语》的作者确实声明过自己的原创性，内容如下："这本书只是为了方便而借用大和赞平一家作为创作动机，但其本质是作者我在当今的现实生活中积累的幽默素材。"然而通过前文的分析可以看到，作者积累的现实生活中的幽默素材，即他的文学想象力其实完美地嵌套在了邻组的世界之中。

由此可以看出，《翼赞一家》所带来的是一种允许灵活创作的纲领，也就是在既定世界中允许当事人进行自由创作或试行错误的创作。同时《翼赞一家》还是一种自发性的动员手段和令参与者深陷其中的策略。虽然无法予以赞赏，但不得不说这是一个极其厉害的统治和动员模式。

综上所述，《翼赞一家》成了描绘新体制下家庭与街道日常生活的作品。虽然如此，但关于邻组的媒体组合宣传并非仅《翼赞一家》这一部作品。

其实，关于邻组的宣传始于近卫新体制形成之前。前文已经论述过，邻组和例会的运营指南自侵华战争爆发之后的昭和12年（1937）开始编写。东京市编的《邻组说明书》[昭和13年（1938），东京市]、大阪市政府编的《新街道会议的方法》[昭和13年（1938），大阪市]等地方自治体的相关指南率先刊发。之后，随着翼赞会的成立，从昭和15年（1940）11月起，城市地区的各个自治体开始接连刊发整顿町内会的纲领和指南。12月起，片冈纯治的《邻组读本》和熊谷次郎的同名作以及铃木嘉一的《邻组与例会——例会运营的基础知识》等邻组运营指南在民间大量出版。除此之外，中本久子的《我们的邻组——邻组与过去的五人组》、防空知识普及协会的《邻组家庭防空必携》和石川谦的《从五人组到邻组》等普及书也随之出版。跟邻组相关的报道除了在《周报》和《写真周报》等官媒上刊发，从《文艺春秋》《妇人之友》《富士》等大型综合杂志，到《少年俱乐部》《少女俱乐部》等儿童杂志，甚至是《日本医学新报》《商店会》等行业杂志全都组织了特辑。可见邻组开始了大力的媒体"横短型"宣传。

这也可以说是一种邻组的媒体组合。在邻组的媒体组合中居核心地位的人物之一就是漫画家冈本一平。如果对漫画史不熟悉的话，可以说冈本一平是女作家冈本加乃子的丈夫，或现代美术家冈本太郎的父亲。冈本一平经夏目漱石推荐成为《朝日新闻》的专属漫画家，在大正时代到昭和初期拥有压倒性的人气。冈本使"漫画漫文"这种小短文配漫画的文艺形式固定下来，并从昭和4年（1929）开始出版15卷本的《一平全集》。当时《一平全集》据说收到了五万套的预约，即便正处于流行购读全集的时代，也足见其人气之高。

说起邻组，前文曾几次提到过的国民歌谣《邻组》，到现在也被人们所悉知。它由冈本一平作词，于昭和15年（1940）6月在NHK广播节目《国民歌谣》中首次播放。另外该歌谣似乎有意跟随新体制的颁布，在同年10月由日本胜利唱片发行。

这也可以看作是邻组媒体组合的开端。《邻组》也由日本放送协会出版了乐谱，与之相配合，德川梦声主演的电影《邻组的合唱》以该歌曲为插曲于同年10月16日上映。而该电影的制作人，正是前文提及的计划制作电影版《翼赞一家》的山下良三。另外，演唱歌谣《邻组》的是绿波一座[1]的德山琏。昭和16年（1941）3月，被称为邻组系列第二部的《翼赞亲子》由冈本一平作词、德山琏演唱，同样由日本胜利唱片公司发行。

从昭和15年（1940）秋天起，绿波一座被迫遵从新体制，开始慌忙筹备新春公演，将冈本一平原作的《新婚邻组》搬上舞台。古川绿波日记中的"东宝的《邻组的合唱》委实无聊，愕然离席"（12月19日），记录了自己在电影放映时中途离席而去的事。如此愤怒的同时，在绿波日记中还可以看到"故事根基没有形成"（12月9日）等一边批判《新婚邻组》的原作一边进行准备的内容。更为讽刺的是，即使绿波已处于这样的状态，却依然不得不在年底的12月27日和28日两天里录制歌曲《大和一家

1　指日本喜剧演员古川绿波（1903—1961）于1935年成立的剧团，全称"东宝娱乐·古川绿波一座"。——译者注

数数歌》。

昭和16年（1941）5月，《新婚邻组》以歌谣曲的形式由宝丽多唱片公司发行。在大政翼赞会宣传部编辑的名人邻组体验集《随便集·我的邻组》（昭和17年，1942）中，收录了冈本一平一篇题为《绘画组长》的散文，其中写下了冈本自己作为邻组组长的亲身体验。

由此可见，冈本一平从一开始就居于邻组媒体组合的中心位置。如此看来，以年轻漫画家为主的新日本漫画协会无论是笼络翼赞会还是提出《翼赞一家》的计划，都可以从中看到日本漫画界新旧势力相争的影子。

《翼赞一家》与《海螺小姐》《我的邻居山田君》的日常

《冒险弹吉》的作者岛田启三自昭和15年（1940）9月1日起在《东京日日新闻》上开始连载《友爱邻组》（图18），由此也可以看出邻组的媒体组合早于《翼赞一家》。为了创作《友爱邻组》，岛田启三特意完结了其新闻漫画代表作《猫七先生》的连载（图19），该故事的结局让人联想起弗莱舍动画工作室（Fleischer Studios）的《跳出墨水瓶》（*Out of the Inkwell*）系列动画，主人公最终回到了墨水瓶中，令人唏嘘。

《猫七先生》完结的第二天，即昭和15年（1940）8月31日，报上刊登了预告文《新连载漫画〈友爱邻组〉（登场人物介绍）》（图20）。文中设定了由"调皮小正""智衣子""小恩"三兄妹，和"妈妈""公司职员父亲"以及"女仆"组成的中产阶级小家庭。考虑到邻组政策最初是由自治体主导、以城市为中心、将新兴住宅街区行政组织化的政策，因此可以看出以上家庭设定是忠

图18 岛田启三：《友爱邻组》1,《东京日日新闻》，1940年9月1日

图19 岛田启三：《猫七先生》442，《东京日日新闻》，1940年8月30日

图20 岛田启三：《友爱邻组》预告，《东京日日新闻》，1940年8月31日

图21 《亚子日记》的预告，《读卖新闻》，1940年7月1日

实于该政策的。这种都市型家庭明显区别于大和一家那样祖孙三代、子女众多（兄弟姐妹共 7 人）的大家庭。

另外，文章还在开头写到"谨向大家介绍邻组的各位成员"，不仅设定了"组长爷爷""菜店的八百松一家""木匠老武夫妇""退休老人"和"奶奶"等各种人物，作者还通过图画让这些人物形象化，但是没有展示街道地图。

我们发现组长旁边还站着一个叫"助手小檀"的儿童角色。因此也可以说《友爱邻组》是在描写活泼的孩子及他们身边的人时，采取了与横山隆一《小阿福》系列同样的结构。然而小阿福是被大富翁爷爷领养的孩子，这里的家庭不是《翼赞一家》那样有血缘关系的家庭，并且岛田启三作品中的"一家"并不是特意用来表达翼赞思想的。例如父亲的职业是公司职员，与体操教师大和赞平有本质上的不同，从这一点上也可以看出《友爱邻组》是偏向城市的。

此后，与《邻组》相关的媒体展开还有以昭和 16 年（1941）大政翼赞会编《儿童邻组》为典型的各类儿童读物和落语，此外还有前文提及的东宝公司的舞台公演等多样形式的表演。正如刚才的梳理，虽然《邻组》的媒体组合略早于《翼赞一家》，在《翼赞一家》开始大量宣传后二者平行发展。所以在这意义上，《翼赞一家》甚至被认为是《邻组》的一部分。同样略早于《翼赞一家》开始在《读卖新闻》上连载的《亚子日记》，其预告（图21）中也写道："这里登场的人物，都是大家所熟知的街坊邻居的孩子们、邻组的班长、妇女会可怕的阿姨、老好人大妈和老大爷等。"可以明确看到其舞台也是街道的日常，因此也可以说《翼赞一家》被设计成了先行漫画《邻组》的同类型作品。也正因如此，与翼赞会商议仅仅十天后，《翼赞一家》的角色及街道地图就顺利公开了。

像《翼赞一家》这样的邻组漫画中,模式化的家庭与街道在战后的报纸连载漫画中被完整地继承了下来,毋庸赘言,迄今为止的报纸连载漫画中很多都采用了该模式。经常有研究指出《翼赞一家》与长谷川町子《海螺小姐》的相似之处,这是由《海螺小姐》中裙带菜妹妹与《翼赞一家》中稻子的相似性联想而来的。(图22)裙带菜妹妹的发型是战时少女的典型发型,《朝日画报》中长谷川町子版的《翼赞一家》在版面上被安排在儿童照片投稿专栏的旁边,漫画旁刊登着孩子的照片,让人联想起稻子与三郎(图23)。

《海螺小姐》与《翼赞一家》的相似性不仅体现在角色上,更体现在家庭与街道模式的继承上。

我们本身并不怀疑报纸漫画至今依然延续着家庭与街道的固定模式,然而也有研究指出,报纸漫画的家庭题材增加是在

图22 长谷川町子:《翼赞一家大和先生》12,《朝日画报》1941年3月30日号

第二章 作为故事背景的"街道"世界

图23 《我家的太阳》栏,《朝日画报》,1941年2月19日号

侵华战争开始以后,在此之前还有冒险故事等多种多样的题材。[1]

如此看来,报纸漫画中的街道仍然源自翼赞体制下确立的邻组机制。在该语境中描绘的日常生活,本质上也与近卫新体制下的日常生活相同,是一种人为创造的传统。

即便如此,我们依然极易盲目地相信,那里描绘的日常是真实的。例如,高畑勋以石井寿一的报纸漫画为原作,在制作动漫电影《我的邻居山田君》时如下说道:

> 现在动漫中的幻想,一味地在脱离现实的世界中进行写实主义

---

[1] 徐园:《日本报纸连载儿童漫画的战前史》,平成25年(2013)3月20日,日本侨报社。

描写，会使观众脱离现实。我不想把观众封闭在与自己的生存环境大相径庭的异度空间里，而是想将自己生活中的日常原原本本地带入作品当中，同时又能轻而易举地从中脱出。如果说幻想的世界对现实是大门紧闭的，那么《山田君》就必须是对现实大门敞开的。

（高畑勋《我的邻居山田君》Part1《电影〈我的邻居山田君〉的诞生》

《紧急特别策划！连作动漫长篇〈我的邻居山田君〉》）

高畑勋一直强调御宅族的幻想世界是逃避现实，对于幻想世界的描写越真实，就越将受众与现实切断。这种主张中约有一半源自对宿敌宫崎骏的羡慕，然而作为反幻想主义者，为了描绘面向现实的世界而提出《我的邻居山田君》的计划究竟是否正确？高畑勋是否意识到《我的邻居山田君》中的世界，其实是一个将新体制下虚构出的日常现实化的装置。

讽刺的是，《翼赞一家》热衷于跨越现实世界与作品中虚构世界的界限，打开了一个战时的现实世界。

在邻组中，将邻里之间无围墙视为理想，而《翼赞一家》则热衷于在作品与现实间的墙根下来回往复，企图打通一条小路。《翼赞一家》经常尝试以下这种自我参照性构造：

舞台左侧传来学生的声音——（看不见人影）

甲："二六〇一号的话就是这儿啊。"

乙："是叫大和赞平吧，那个漫画里的家。"

（台上所有人面面相觑。赞平不好意思地做出奇怪的表情。门外话音继续）

（河野达郎《为了演剧业余爱好者的厚生国民剧集改订版》，

昭和18年，大正书院）

在本书第三章中还会再次提及河野达郎为演剧业余爱好者的剧本做的工作，在剧中登场的大和家的人们，都被大家称为漫画中的名人。此外，新日本漫画家协会创作的《翼赞小街的新春》中也出现了同样的表达，其中有这样一句台词："最近被大家称道的大和家在哪儿啊？"大和一家在漫画中，也被看作是漫画世界里的名人。

当然，这并不是简简单单就能水到渠成的。因为《翼赞一家》作品中这种"新体制下的日常"，其使命就是将翼赞体制意识形态下人为设计的、虚构的日常转变成现实。

然而这样一来"日常"就真的能向现实敞开大门吗？以下段落是"JOAK放送台本"（即广播剧剧本），姐尾二郎作《四月的翼赞一家》中的一节，应该是用于昭和16年（1941）4月份播出的节目。

三郎：啊，是重型轰炸机！两架、三架，是个三机编队。

稻子：不是战斗机吗？

三郎：有那样的战斗机吗？那是重型轰炸机，报上说的轰炸重庆的大陆荒鹫就是它。

爷爷：不不，那确实是战斗机啊。

三郎：为什么啊，爷爷。那是重型轰炸机！全都是！

（姐尾二郎《四月的翼赞一家走在山路上》，JOAK放送台本）

可以看到侵华战争时持续轰炸重庆的日本战斗机意外出现在了作品之中。

在炸弹落下之处，那里又有另外一种"日常生活"。那是《翼赞一家》的作者和读者都无法想象的。像这样街道上的日常，遏制了人们除了自己的日常之外，对于他者的日常的想象力。然而，唯有一人例外，那就是手冢治虫。最后一章我们会谈到，手冢治虫在对《翼赞一家》进行二次创作时，描绘了空袭之下的街道。

第三章 业余『素人』们的创作

《翼赞一家》是在由大政翼赞会进行版权管理的同时，鼓励民众进行二次创作的媒体组合项目。该项目成立的背后，隐含着一个"进行漫画创作的读者群体"的兴起。从明治时期开始，日本就出现了投稿漫画作品的读者，到大正末期以后，出版了许多漫画技法入门书，函授的漫画教育也开始了。像这样对于"漫画创作的读者"实施的战时动员，在诸如通信教育的广告词中可以看到"中国、日本本土的漫画家都日不暇给"等表述［《漫画家统制讲义录》广告《少年俱乐部》，昭和13年（1938）7月号］。

　　退出了新日本漫画家协会的加藤悦郎也出版了《新理念——漫画的技法》一书（图1），这是"新理念绘画技法丛书"中的一卷。另外，其出版方艺术学院出版部也举办与美术相关的入门讲座。该丛书的大部分内容都是假惺惺地将已经出版过的入门书，在开头加上关于新体制的相关言论，改头换面重新出版。只有加藤的书是完全新写的内容，从头到尾都在谈他对新体制下漫画应如何开展的主张。

　　开展漫画函授工作的日本漫画研究会，在昭和17年（1942）出了一本入门书《战地·铳后·慰问漫画的画法》（图2）。这本书旨在呼吁由家人亲自绘制慰问漫画送上前线，"为战地的士兵们，描绘他的妻儿、父母和村里的妇女会等活泼的英姿"，鼓励人们学习"绘画技法"（西津省二《战地·铳后·慰问漫画的画法》，昭和16年6月3日，昭和出版协会）。

在近卫新体制实施之后，可以明显地看到民间对于漫画创作的读者动员进行了积极响应，我认为这其中也有《翼赞一家》的功劳。在《翼赞一家》的读者漫画征集公告中，其漫画角色也仅仅使用了"谁都能画的简单线条"(《朝日新闻》昭和15年12月5日）。而之后还刊登了题为《漫画〈翼赞一家〉画法》的报道。(图3)投稿作品自12月6日至28日连载，第一次刊登的是新日本漫画家协会南义郎的作品，此后见报的也都是职业漫画家水平的佳作。(图4)这些报道令人不禁感到，当初设想的"漫画创作的读者"，不仅仅包含纯业余"素人"，其范围似乎要更广一些。

实际上，《翼赞一家》的角色过于典型，有先行研究曾指出这是将翼赞体制下生活着的人们进行典型化之后的形象。而其典型性更体现在它的画法上，前文提到的《战地・铳后・慰问漫画的画法》出版于《翼赞一家》之后，书中就讲解了父亲的画法、母亲的画法等普通家庭成员的画法示例。值得注意的是其中弟弟的画法和妹妹的画法，可以看出其在设计上与三郎和稻子(图5)几乎完全一样。

但这并不是受《翼赞一家》的角色影响，而是因为这本来就是当时儿童的典型画法。反而是《翼赞一家》为了实现谁都能画的目标，故意汇集了当时的典型人物设计。此外这种在动员过程中，将参与创作的业余爱好者的范围扩大，也是新体制的一大特征。在战时，不仅是漫画家，包括作家、画家和电影导演等所有的职业艺术家，都包含在国民大宣传的范围内。他们不仅是宣传的受众，更要成为积极投稿的创作者，因此可以从这样的体系中看出当时征稿文化的兴盛。

图1 加藤悦郎:《新理念绘画技法丛书9新理念——漫画的技法》,1940年5月1日,艺术学院出版社

图2 西津省二:《战地·铳后·慰问漫画的画法》,昭和出版协会,1942年6月3日

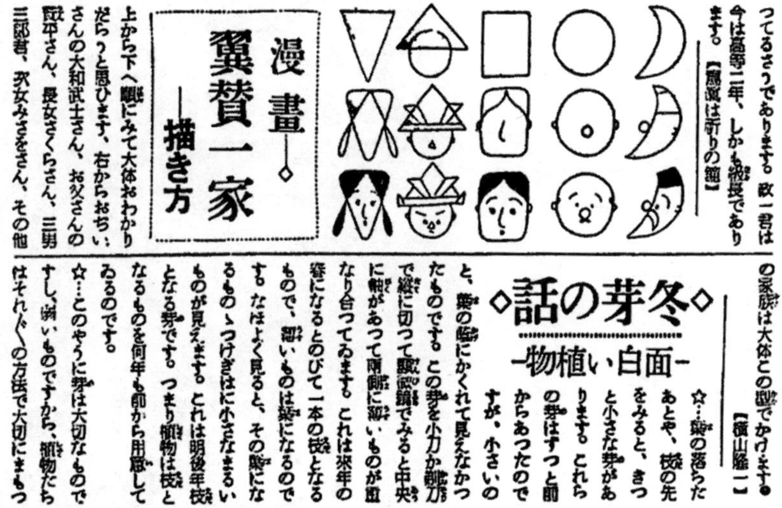

图3 《朝日新闻》，1940年12月8日

图4 小野寺信雄：《一日一善》，《朝日新闻》，1940年12月28日

图5 《妹妹的描绘方法》，西津省二：《战地·铳后·慰问漫画的画法》，昭和出版协会，1942年6月3日

"投稿者"的诞生

在战时语境下异常兴盛的征稿文化，其实是一种积极动员国民成为投稿者的模式，下文将在这一视域下尝试探讨《翼赞一家》。

战时征稿文化的代表是标语。征集标语的活动虽然以前就有，但从侵华战争时期开始，出现了《标语之日本》（昭和12年，1937）和《标语研究》（昭和13年，1938）这类会员制标语杂志。通过这些杂志进行标语研究或指导标语写作，也显示出战时标语征集活动的火热。此外，昭和10年（1935）创刊的杂志《悬赏界》（图6），专门刊登小说、短歌、俳句、漫画、剧本等各领域的征稿活动信息，可以说是一本征稿指南。加藤芳郎在回忆录中提到，他们当时就是看这本杂志来选择向哪里投稿漫画的〔山本泰天《加藤芳郎的绝不人生》，平成18年（2006），产经新闻出版〕。

《悬赏界》在昭和15年即1940年的1月号上刊登了太宰治

图6 《悬赏界》第5卷24号,樱花社出版部,1939年12月20日

图7 《悬赏当选——歌谣·标语·年鉴》,《悬赏界》第6卷1号附录,樱花社出版部,1940年12月5日

的散文《困惑之辩》,文中关于该杂志的性质描述如下:

> 本刊编辑惠赠与我8月上旬号、9月下旬号、10月下旬号三本杂志,通读下来发现本刊的读者们,似乎全都是刚刚打算从现在开始尝试"文学这东西"的人。
>
> (《悬赏界》第六卷第二号,昭和15年1月,
《筑摩全集类聚版太宰治全集第十卷》,昭和52年,筑摩书房)

太宰治依然是妄自菲薄地认为自己"丝毫不是什么大作家",完全没资格在该杂志上谈论什么文学。但读者本来就不是为了投稿"文学"而购买该杂志的,在这一点上,太宰治的妄自菲薄显得

图8 《投稿心得A·B·C》，樱花社出版部，1936年3月20日

并无意义。

　　因为在太宰治发表该文的上一期杂志里，即同刊新年号里附赠了一本《悬赏当选——歌谣·标语·年鉴》的小册子。(图7)这说明了《悬赏界》的读者们关注的核心是歌谣和标语。歌谣是指企业或国策宣传歌曲的歌词征稿，与标语同为征稿文化的两大题材。

　　根据该《年鉴》统计，在上一年里光是关于标语的征集活动就有将近200次。另外，《年鉴》的封面内页刊登了《名标语选集》广告，广告文中写到该手册中"各条目排列整然，配有索引"，集合了大正初年（1911）以来的获奖标语。该书可以说是标语投稿的范文集，广告中写着"第10版出版"。另外还有一本关于投稿的手册《投稿心得A·B·C》也很受欢迎(图8)。还有关于大众文艺、纪实、戏曲、广播剧、民谣、短文艺（短歌、川柳等）、笑话和漫画等各领域的指南。

从这里可以看出，《悬赏界》的读者并非太宰治设想的文学青年，而是以标语投稿者为主。而歌谣方面，也是以侵华战争为契机，各大报社开始大力举办征集战时歌谣的活动。当时标语和歌谣的征集活动都很多，而且可以承袭某些套路来创作，最重要的是可以很轻松地参与。似乎当时还有关于标语的社团，比起短歌等文学社团显得更加轻松。短歌、俳句和标语、歌谣作为柳田国男主张的读者文艺，与大众阶层的距离并没有那么遥远。

然而，以上标语杂志和征稿指南的出现，依然显示了读者投稿的大环境在变化。这些媒体虽然是由出版社瞄准商机打造的，但这一动向反而折射出投稿活动背后的政治语境。

实际上，征稿主办方虽然一般由报社承担，但情报局、翼赞会、陆军省和海军省等国策机关主办的活动越来越多，征稿内容也以战时标语和战时歌谣为主，因此，标语和歌谣也成了最轻松的参与型政治宣传。

从这些获奖作品中，还可以再展开以标语和歌谣为主体的媒体组合。

近卫新体制下的"协同"

在这样的国策性投稿动员的背后，是近卫新体制的协同思想。不用"共同"而用"协同"，是为了回避"共"字，避免让人联想起共产主义。有时也表述为"协动"，而实际上协动在今天有以下的用法。

作者也称之为协动创造（Collaborative Creativity），即跨媒体产业的官方制作者们与非官方的粉丝们一起组成协动性的创作团体，旨在将动漫推向国际性的成功。

（伊安·康得利著，岛内哲郎译《动漫之魂协动创造的现场》，
2014年，NTT出版）

这种在同人志的二次创作等粉丝活动中，发起方与受众方为响应酷日本（Cool Japan）政策而共同"协动"的形式，受到北美动漫学者伊安·康得利（Ian Condry）的赞赏，并作为其著作的关键词。但日文版译者在词语选择上不够谨慎，该词确实来源于战时用语"协同"。另一方面，"协动"一词，也是讨论SNS时的商业用语，或表示居民参与的行政用语。过去的"协同"一词，其根源在于读者和观众对于创作的参与，在这一点上与康得利的"协动"在语法上相近。或许康得利本人对于其书的译本没有责任，但2000年以后，"协动"一词作为官僚用语频繁出现，也使得我们想要对其追本溯源。

"协同"一词来源于协同主义，是昭和研究会基于大政翼赞会的思想而提出的近卫新体制的主旨思想，也就是说新体制和翼赞体制的主干思想就是协同主义。这是对欧美的自由主义和个人主义，或者苏联的社会主义和共产主义进行双重扬弃后，提出的第三极的思想。当然该思想本身也存在诸多理论性破绽。

然而协同主义强调的并非理论，而是实践。其中，协同主义的基础是造物实践。他们主张"行和作，常在知之上"，将实践置于比知更优越的位置上。

实践的根本性规定就是造物。无论制造的究竟是什么，或如

政治制度，或如经济生活物资，或如文化财产。造物就是实践的本来意义。

（昭和研究会编《新日本的思想原理·协同主义的哲学基础·协同主义的经济伦理》，昭和16年，生活社）

为何是"造物"呢？因为在物的影响下，现实不得不发生变化。

这不单纯是内心的问题，不能仅停留在意识内部。造物就必须活动身体，造物就是我们在外部事物的影响下谋求发展变化。

（同上）

也就是说，造物是通过将内心和意识外化来改变社会。这成了实践的定义。同时，这实践不拘于个人，而是在社会整体的内部进行分化实施，这就是协同主义。

个人的实践以协同为基础，无论是怎样的个人实践，都在社会整体的内部进行分化实施。原本意义上，实践的主体与其说是个人不如说是全社会。正因为个人的实践是在社会整体的实践之中被分化的，所以作为实践主体的个人也不单纯是个人的，他必须同时也是社会的，具有特殊性的同时也必须具有普遍性。

（同上）

昭和研究会的协同主义旨在通过"协同"谋求社会变革，在某种意义上有唯物论的味道，但由于制造、物、人等表述，甚至被批判为工匠人价值观。对于协同主义的思想性评价，在这里并不作深入探讨，但通过制造活动协同合作改变社会的行为，其与全体国民参与包括投稿在内的艺术表现行为有很大的共通性。

近卫新体制可以说是翼赞运动的另一个特征，我们前面曾稍有涉及，就是强调和营造自下而上、自发兴起的表象，这也是协同的关键要素。

> 如今国民们自发地积极参与翼赞运动，切实企盼从生产方面、生活方面，以及其他各个方面建构昭和维新的希望。
>
> （《国民家族会议——临时中央协力会议报告书》，昭和16年，大政翼赞会宣传部）

这里不是"上意下达"，而是人为制造了"下意上达"一词来使用。通过所谓的自发行为来协同推动社会变革，投稿及参与型艺术表达也同样定位于此。因此作为官民协同的征稿文化就一下子蓬勃兴起了。

"素人戏剧"中的"协同"实践

然而，像这样以受众的参与为实践的协同与昭和研究会的理论有所不同，这在戏剧等领域有相应积淀。在某种意义上，与俳句和短歌等读者文艺谱系上的标语、歌谣完全不同，戏剧和木偶剧是另一种战时繁荣的参与型文化。如果单看《翼赞一家》以漫画为中心的二次创作，职业漫画家的绘本以及商演之类的展开，几乎集中在昭和15年（1940）底至16年（1941）初的三四个月里，但据当时出版物的记载，戏剧，特别是木偶剧方面作为战时戏剧运动的展开，一直持续到昭和17年（1942）。

戏剧领域里的协同主义，即受众自发的共同参与艺术表达的传统，至少从大正以来的戏剧运动中就发展延续了下来。像这样并非专业人士，而是由原本作为观众的普通大众参与的戏剧，被称为素人戏剧。

最先提倡通过协同开展素人戏剧的先驱者是战时经常会被提到的坪内逍遥。在一本题为《素人演剧的方向》的戏剧理论中，坪内逍遥被如下引用道：

> 鄙人最近重读坪内逍遥博士的著作，才发现今天我们所说的素人戏剧、共同精神之流，他在二十年前就提过了。
>
> （园池公功《素人演剧的方向》，昭和17年，坂上书院）

园池公功是曾经去苏联考察戏剧运动的戏剧评论家，也是积极参与战时体制的戏剧家之一，同时也是公共剧的推广者。当初素人戏剧也曾称为公共剧。从这里可以看出，"票友"（受众）以"共同"之名集体性地参与创作，园池公功认为当初是坪内逍遥提倡的。因为素人戏剧这一概念出自马克思主义，而园池想要回避这一点，但与大正民主相呼应，戏剧不再囿于资产阶级而逐渐向大众开放的历史也确实存在。这不仅意味着有更多普罗大众来观赏戏剧，更重要的是，还意味着将大众置于戏剧创造者的位置之上。

坪内逍遥将依托自治体、学校和教会等公共团体，由参与者"自发自觉地为了自己"而进行的艺术活动称为公共艺术，而其核心即为公共剧。坪内逍遥将公共戏剧定义为："演员、道具、布景、服装、小道具、照明、舞台导演、剧作者、音乐、庶务等其他无数分工的协同合作。"［坪内逍遥：《理论的事业化与庆典气氛的严肃化》，《早稻田文学》，大正10年（1921）2月］值得注意的是,这里明确使用了"协同"一词。

因此,坪内逍遥认为大众文化是"(人们)主观能动参与的娱乐",认为这是一种文艺上的民主。

坪内逍遥所主张的公共也可以理解为艺术表达的民主化,而这种观点在村山知义等人的普罗戏剧运动中被更激进地继承下来。

例如,村山知义提倡的公共剧模式"活着的报纸"就是典型代表。村山知义对于"活着的报纸"有如下解说:

"活着的报纸"并非文字书写的报纸,而是将新鲜事排成简单的剧目,以便劳动者和农民们一看或者一听就能立刻明白。它将大家必须知晓、互相必须通知的事情,以印象深刻和浅显易懂的方式同时展示给多人观看,因此什么样的舞台形式都可以。简短的喜剧狂言、对口相声、舞蹈、合唱、诗朗诵、演讲合唱[1]等,任何形式都可以。

(村山知义《讲座"活着的报纸"的写法》,《演剧新闻第五号》,

昭和6年12月)

值得注意的是,在这里作为戏剧的创造者——"被通知的一方"(受众)与"通知方"(输出者)两者是可以互换的。也就是说,"活着的报纸"是一种大众间相互的、共通的沟通形式。

像这样存在于工厂和农村等生产现场单元里的"参与艺术表现的大众",作为细胞活跃于普罗艺术运动之中。而关于这些大众的组织论,则被翼赞体制下的素人戏剧运动完整地继承了下来。

---

[1] 这是在左翼剧场中上演的如《土西铁路的建设》《拯救亚美尼亚兄弟》等,由诗朗诵、合唱及简单的动作构成的表演形式。德语为 Sprechchor。

《翼赞一家》与素人戏剧

那么我们来看看《翼赞一家》在戏剧和木偶剧中的具体体现。从古川绿波的日记中可以看到，原本将《翼赞一家》搬上舞台的构想，在一开始是由古川绿波一座进行海报摄影等公演准备的。除了绿波一座，还能看到三木一郎在"东京舞踏座"的公演记录。但这些并不属于参与型戏剧活动，而是完全为了给观众观赏的。

与上述情况不同，在戏剧及木偶剧领域里，留下了很多素人戏剧的剧本。我们再次回顾《翼赞一家》的媒体组合时，发现在漫画领域里业余爱好者的漫画投稿，以及未能实现的动画电影剧本征集，这些活动的出发点都是与普通人的协同。大和家的人物面貌设计"仅仅使用了谁都能画的简单线条"，剧本征集也"比起文学价值更看重其构思的巧妙"。也就是说，这些策略在积极呼唤大众，期待普通人的想法，并时刻努力拓展投稿者的范围。

然而如何判断这种业余"素人"的协同式参与是否成功呢？如《悬赏界》的读者比起文学更倾向于标语，人们会更倾向于简单的艺术表达，那么将参与的难度降到多低，就成为判断的一个关键点。在这一点上，比起画漫画和写剧本等笔头工作，唱歌、跳舞和演戏等身体表现，是更容易参与的实践策略。因此，《翼赞一家》从一开始就计划要开展跳舞和唱歌等身体层面的参与。

前文提到绿波日记中记录了他在昭和 15 年（1940）底仓促录制《大和一家数数歌》的情况。该唱片与《新体制家庭领唱》构成 AB 面，后者被用于绿波的舞台剧中。它不仅能在广播中播放，更是为了能让大众实际传唱、伴舞而制作的曲目。

对于为了使《翼赞一家》成为人们传唱、舞蹈的内容而实施的多媒体展开，这一点其实很重要。

以下这则昭和16年（1941）2月6日的报道里，记载了关于《翼赞一家》编舞的骚动：

> 大政翼赞会宣传部与日本漫画协会联合制作的翼赞家族《大和一家》，此次将由佐藤八郎作词、古贺政男作曲制作成《大和一家之歌》，由新体制家族（庭）领唱。此外，为了进一步将其改编为大众家庭舞蹈，还委托了大日本舞踊联盟编舞。在过去的两天里，以藤间勘斋会长为代表的各部部长召开了试听协议会。结果因该歌曲领唱加合唱的曲风，他们立刻以"从该歌曲的感觉来看，我们并不愿意将基于该曲的舞蹈引入普通家庭"为理由拒绝了我们。然而，会长及部长们的会议并没有权力代表联盟拒绝编舞，这种僭越行为引起了责难，因此联盟将重新考虑另做决定。

（《拒绝为大和一家编舞》，《读卖新闻》，昭和16年2月6日）

以上报道的内容是翼赞会为了让普通家庭也可以跳《大和一家之歌》的舞蹈，而委托大日本舞踊联盟编舞却因曲调而遭拒绝。从这件事中反而可以看出，《大和一家之歌》是从较早阶段就开始准备的。

实际上刊登了配有舞蹈的《翼赞一家》的是《最新国民体育舞踊教本》（昭和16年，1941）一书（图9），该书与其说是面向家庭，不如说是面向学校及地方活动的。这本《最新国民体育舞踊教本》其实就是给国民歌谣配舞的书。书中将《大和一家新体制领唱》介绍为国民性舞蹈。

该书正如其名，不过是一本教跳舞的书，但其特征在于从一开始就长篇大论地谈国体论。这里说的国体论，即国家的身

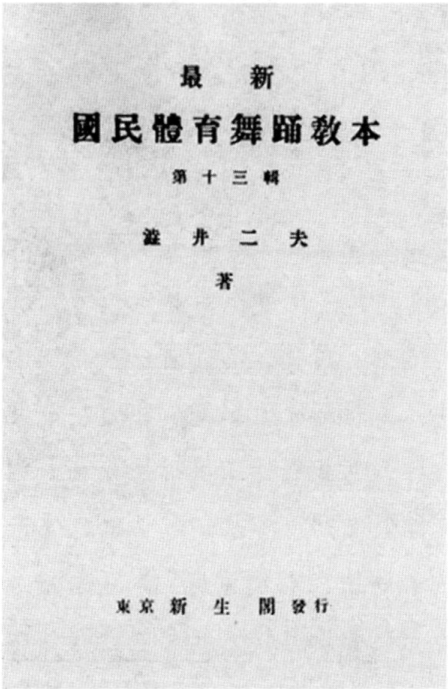
最新
國民體育舞踊教本
第十三輯
澁井二夫
著
東京新生閣發行

图9 涉井二夫：《最新国民体育舞踊教本》，新生阁书店，1941年

体论。书中写道，“我们的一举一动就是宇宙的一举一动、国家的一举一动”，提出个人身体的协同才是国家的身体即国体的激进论调。如此想来，大和赞平是体操老师，而《翼赞一家》的各种作品中他们唱歌、跳舞、做广播体操，其实也是一种对国体的协同。

以下引用的是《大和一家新体制领唱》的编舞：

准备站成一圈。

动作

前奏八拍立正。

唰的来了（四拍）握手高举同时向圆心前进，重心放在右脚同时抬左脚。

唰的来了呀（四拍）松开双手，左脚向左旋转，回到原来位置。

唰的一下（四拍）双脚并拢，双手体前交叉后向两侧伸展，身体稍微前倾同时半蹲拍手一次。

惹人喜爱（四拍）在圆周上左脚向右侧迈两步，两手向右上方举起，之后从左下方放下。

开朗坚强（四拍）右脚向右伸出，双手体前交叉后向两侧伸展，同时向右转，之后左脚并拢拍手一次。

大和一家的生活状态（八拍）重复（四）（五）的动作，由左脚开始，面向圆心。

（涩井二夫《最新国民体育舞踊教本·第十三集》，
昭和16年，新生阁书店刊）

舞蹈一般以圆圈队形开始，向圆心前进再返回圆周。作为领唱歌曲，该书为其编配了在盂兰盆会等活动中可以跳舞的具体舞蹈动作。虽然不知道能否称之为表现了国体，但配着歌曲跳舞，确实是一种最平易近人的活动，而且普通人也能参与。

作为"厚生运动"的戏剧与演唱

将以上"歌"和"舞"组合在一起的形式，就是《翼赞一家》的素人戏剧剧本了。这些剧本收录在业余人士的表演剧本集、河野Tatsurō编写的《为了素人戏剧的厚生国民剧集·改定版》（昭和18年，1943）之中。

河野Tatsurō的本名为河野达郎，是花柳流、藤间流的舞蹈家，河野Tatsurō是他在战时使用的艺名。河野达郎作为编舞师最有名的时期是在战后。随着现代化的发展，河野针对日本传统小呗"座敷舞"，发明了配有照片的舞蹈动作解说书，并通过比赛和讲习会等进行舞蹈启蒙教育。昭和12年至15年（1937—1940），由日本蓄音器商会发行的48张SP唱片《舞踊小呗名曲集》作为可视化唱片，还配有舞蹈动作照片。这套唱片的发行就是由河野达郎主导的。

另一方面，他在儿童歌曲演唱方面也多有建树。早在昭和2年（1926），在东京电机公司主办的新商品电灯泡（MAZDA Lamp）的促销宣传童谣比赛上，河野的《珍珠的宫殿》夺冠。据说从那时起，他就加入了儿童演唱团体"肥皂泡"社。可以看出河野达郎当时在舞蹈和儿童歌曲演唱两方面都有业绩，从这一点上来讲他是创作唱歌跳舞的素人戏剧台本的合适人选。

河野的剧本集最有意思之处在于其标题，其中使用了"厚生"和"素人"两个国策用语。不过，最初的版本标题仅为《厚生国民剧集》，改定版才加上了"素人"一词，变成了《为了素人戏剧的厚生国民剧集》[1]。

厚生是指善用业余时间、以磨炼身心为目的的厚生运动。这原本是以举办东京奥运会为背景，自昭和13年（1938）起由日本厚生协会主导的运动。厚生运动以"更新国民生活，特别是通过善用业余时间，磨炼身心陶冶情操，以图保全国民健全之身心"为目的。可以说河野的演剧集是在这样的背景下出现的。河野将舞蹈和儿童歌曲演唱这两项自己擅长的技艺运用在了厚生运动上。

厚生以体育，特别是体操（集体体操、行进体操）和武术为

1　日语原题为《素人演劇のための厚生国民劇集　改訂版》。——译者注

中心，但歌舞也包含在内。这些厚生的门类与大和家的人物角色属性相重合（赞平是体操教师，武士勤于练武，稻子总是唱歌跳舞）也并非偶然。

然而，开始由翼赞会主导素人戏剧后，前书改定版的题目追加了"为了素人"的表述，可以看出该戏曲集对国策的附和和拥护。

在《为了素人戏剧的厚生国民剧集》的前言中如下写道：

> 诚然，普通的劳动者都渴望令人身心昂扬的精神食粮，并对这些观赏性的艺术致以感谢与喝彩。然而在他们内心深处，依然还是有一些什么是无法割舍的吧。总而言之，我们不应止步于接受被动的、旁观的文化，而应更进一步创造主动的、厚生的文化，并对此怀有强烈的憧憬。不应只沉醉于文化的甜美，而应将自己融于文化之中，并在其中满足创造的欲望。
>
> （河野 Tatsurō《为了素人戏剧的厚生国民剧集·改定版》，昭和18年4月10日，大正书院）

河野对于民众仅仅作为"被动的、旁观的文化"接收者，从心底感到不满，而希望他们可以成为"主动的、厚生的文化"的创作者。河野在文中表达了翼赞会式的受众论。从中可以看出，厚生作为通过身体运动将身心国策化的活动，不知不觉间与动员普通人的主动参与融为了一体。

素人戏剧运动是从翼赞会成立初期就开始大力运作的活动。无独有偶，昭和15年（1940）12月3日，刊登《翼赞一家》相关报道的《大政翼赞会会报》第2号上，记录了由文化部召开"关于戏剧的准备会"的内容，会议的议题包括"设立新剧的统一组织"的必要性，统一全国的检阅标准，以及"确立素人戏剧、移动剧团的领导机关，及为此培养领导人的有关事项"等。

岸田国士与素人戏剧运动

翼赞体制下，推动素人戏剧运动的，是作为文学座创始人而在战后赫赫有名的岸田国士。众所周知，岸田在大政翼赞会成立后，出任了翼赞会的文化部长。

关于素人戏剧，岸田在他作序的大政翼赞会文化部所编的《素人戏剧运动的理念与方策》中写道：

> 在"戏剧"像如今这样职业化以前，素人戏剧充满魅力的、健全的形式，存在于朴素的、传承的、与民众一起欢欣鼓舞的、生活的精神与表达之中。
>
> （岸田国士《序》，大政翼赞会文化部编《素人戏剧运动的理念与方策》，昭和17年，翼赞图书刊行会）

也就是说，岸田认为戏剧作为大众文化，本来就是在受众与创作者的协同合作中共同展开的。包含柳田国男的读者文艺论在内，此番议论的前提是民俗文化由受众的参与而构成。有不少人认为受众论（Audience Theories）是北美的文化理论，其实同样的理论在战前的日本也曾广泛展开。

对于岸田来讲，戏剧回归职业化之前就是素人戏剧。然而在岸田参与翼赞会的社会历史背景中，昭和14年（1939）电影法颁布后，继续制定戏剧法的动向依旧存在。戏剧界认为这一动向表明"国家首次将戏剧视为现象，而予以支持"，并为此感到精神振奋。电影、漫画和舞蹈也是如此，战时国策热衷于由国家来认证和组织边缘的大众文化，并且巧妙地利用了边缘文化希望得到主流认可的期望。

所谓国家认证，具体到戏剧运动上来讲，就是"取缔方针"的转变。昭和初期的戏剧运动基本上是普罗艺术运动，即左翼运动，因此是严格取缔的对象。然而风气一转，虽然是附带条件的，戏剧运动却得到了国家的认证。昭和16年（1941），由内务省警保局长与情报局第四部长下达了以下通知：

近来，业余票友的戏剧演艺在各方面持续兴起，若其内容健全明朗，且当事者对时局之认识并无欠缺，则不应盲目打压。应充分斟酌，并努力给予其正确的指导。

（日本演剧协会编：《演剧年鉴（昭和18年版）》，
昭和18年，东宝书店）

业余人士的戏剧一方面"败坏风俗"，另一方面也是左翼运动的组成细胞，因此曾是取缔的对象。与舞蹈一样，取缔方以时局为鉴对其进行"正确指导"成了公认的附加条件。这也是鼓励曾从事普罗戏剧运动者的转向。岸田国士赞颂作为民俗文化的戏剧回归，也是因为翼赞体制的理念中存在可以被称为日式马克思主义的要素。因此戏剧人的变节，对于当事人来讲内心是怎样的纠葛，确实令人疑惑。

下面再来看看岸田作序的《素人戏剧运动的理念与方策》。有趣的是，该书将素人戏剧看作生活协同化的手段。在新体制下，不仅是街道、地区的活动，育儿、家务或者是废旧物品的协同化都得到全面鼓励，用现在流行的话来讲就是共享（share）。

素人戏剧运动以集体生活为基础展开，必须对促进生活协同化做出贡献。

战时的国民生活，一定存在种种困难和障碍，容易出现物资和劳动力不足的情况。为了打开困局，战胜如今的非常时局，生活新体制的基本方向就是生活协同化。

（大政翼赞会文化部编《素人戏剧运动的理念与方策》，昭和17年，翼赞图书刊行会）

也就是说，素人戏剧运动是大众通过参与创作，来实践协同主义（sharing）。需要再次重申的是，近卫新体制下翼赞运动的动员，不像我们以为的那样，通过大量鼓动而自上而下地进行单方向政治宣传，而是以"尊重参与者的自发性与创意性"的形式来展开的。该书提出，像这样的协同不仅局限于戏剧创作、日常家务和地区活动，更涉及情感，即内心深处。

素人戏剧必须表达其创作者与享受者，即集体成员的健全的生活情感，这是该运动能有所收效的基本条件。

（同上）

这里说到素人戏剧是集体的情感表达。也就是说，不仅要通过参与集体活动而实现一体化，更要通过集体进行情感表达，使"一亿一心"的体制成为可能。

翼赞体制将协同主义这一昭和研究会的生硬思想，最终提升到情感这一非理性的动员层面。在此过程中的制度设计，在导入参与型媒体组合后，意外收到了实效。"情感"一词虽然不致成为新体制用语，却在该时期的翼赞体制相关文献中频频出现，与舞蹈教育领域中常用的"情操"一词也有相通之处。

从以上分析可以看出，所有阶层都可以根据自身能力参与创作行为。而且这种参与不是理论性的，是实践性的、身体力行的。对于参与创作的这种诱导方式，就是新体制下的动员手段。

为了"素人"参与的方法论

回到河野达郎《为了素人戏剧的厚生国民剧集·改定版》。如前文所述，本书并非河野个人的戏曲集，而是一本关于素人参与演剧活动的指导书。在这部戏曲集中，包含《明朗的翼赞一家》在内，共收录了八部戏曲作品。

当然，这部戏曲集不仅仅是罗列出戏剧脚本。《明朗的翼赞一家》开篇展示了漫画的角色表和作品的舞台——大和家庭院的布景（图10）。该书还收录了《大和一家数数歌》《大和一家之歌》（《新体制家庭领唱》）两首歌曲的歌词和乐谱。这是因为在素人戏剧中，歌谣占有重要的位置。由此也可以推测出，河野之所以能与素人戏剧产生联动，与他在可视化唱片方面的业绩有很大关系。

《明朗的翼赞一家》的第一幕伴奏是《大和一家数数歌》，登场人物"边跳舞边从舞台左侧登台"，向观众展示所有角色。用现在的感觉来讲，《大和一家数数歌》就仿佛电视动画片的片头主题曲一样，同时也发挥了相应作用。

而结束时则理所当然地使用《大和一家之歌》，将其置于片尾主题曲的位置之上，角色们会进行如下对话，并且全体一起唱着歌跳着舞迎来剧终。

图10 河野Tatsurō：《为了素人戏剧的厚生国民剧集·改定版》，1942年4月10日，大正书店

勇：哎呀，我可不是开玩笑，是真的呀！虽说午休时的徒步大会绕着护城河走一走也好，但三十万人暴土扬尘地绕着官墙走大圈总让人觉得不太像话。报上不也报道了嘛。（大家一起点头）因此，比起在公司屋顶上做体操，我们决定跳陶冶情操的舞蹈了。

祖父："你跳舞？是DANCE吗？（一脸苦笑）DANCE可不行啊，绝对不行，DANCE可不成……

勇：(对祖父)什、什么呀，才不是 DANCE 呢，就是跳舞，国民舞蹈。现在社会上倡导尽量不使用外来词语，连 Golden Bat 牌香烟都禁止了呢。

父：是啊，Bat 烟被禁……什么呀？果然还是在开玩笑，哈哈哈哈。（大家一起笑）

勇：对不起！（挠头）但是，我觉得这也是一种巩固铳后抵抗力的职域奉公，尝试了一下发现还真挺有趣的。

（稻子一如既往边跳舞边从舞台左侧登场）

勇：对了，让小稻子领头，大家一起跳跳舞吧。（对学生们）你们也一起加入吧。

（河野 Tatsurō《为了素人戏剧的厚生国民剧集·改定版》，昭和18年，大正书院）

考虑到河野本人的经历，这段在戏曲中主动提出跳舞的"国民舞蹈"剧情，显得意味深长。这种在歌曲中由表演者连唱带跳的形式，让人联想到宝塚歌剧之类的舞台构成，但其实这是在《翼赞一家》相关木偶剧和广播剧中也通用的表演形式。

另外，因为《为了素人戏剧的厚生国民剧集·改定版》是一本指导书，所以不仅收录了乐谱，还附有具体的演出指导。

关于《明朗的大和一家》的演出

这是以大家熟知的大政翼赞会的漫画《大和一家》为题材的轻喜剧。

布景、登场人物等，希望都按照漫画的样式来装饰和装扮。昭子可使用人偶。

父亲赞平和三女儿稻子的表演需要费心。

开幕时的舞蹈表演未必十分精巧，像普通业余人士的舞蹈反而效果更好。

剧中关于相扑的情节中涉及前田山部分，可根据演出季节做适当调整。例如，前田山不做张出大关[1]时，可视情况插入其他情节替代该部分内容。

（同上）

从这里可以看出，开篇刊登的角色一览表是为了让演员按照漫画样式来装扮的素材。绿波日记里曾提到自己扮成大和赞平拍摄了宣传照，在此之前，绿波也曾在轻松歌舞剧（revue）中扮过米老鼠、贝蒂娃娃（Betty Boop）等卡通形象。但素人戏剧中的《翼赞一家》，是由业余素人打扮成漫画角色，换言之，甚至可以说是一种鼓励全民cosplay（角色扮演）的活动。

此外，使用人偶扮演婴儿，舞蹈也是像普通业余人士效果才更好，因而大大降低了参与难度。前田山的情节，指的是以当时大受欢迎的力士为题材的时事话题，书中说明了演员可以在实际上演时换成其他的时事话题。由此可见，它虽然鼓励参与者的自发性与想象性，却将人们的创意引导至一个限定的方向。

翼赞一家的木偶剧

翼赞会积极推进将素人戏剧建设为协同的手段，昭和17年

---

[1] 日本近代相扑运动中曾使用过的力士排位方式之一。当一场比赛同时出现三个以上"大关"级别的力士时，被排在"正大关"以下的为"张出大关"。该说法现已废止。——译者注

(1942)11月设立了"素人戏剧研究委员会",刊发了B6大小的素人戏剧专用系列剧本集等指南类出版物。不过,素人戏剧中《翼赞一家》的占比相对较小。在素人戏剧领域中,除了河野的戏曲集外并未发现其他作品。

然而另一方面,《翼赞一家》在面向业余素人的指南中,占据更大位置的是木偶剧领域。木偶剧在战时,特别是昭和17年至19年(1942—1944)呈现出繁荣的态势。长谷川正明在日本木偶剧协会机关报《日本木偶剧人》中如下概述道:

> 战时的木偶剧活动在一时之间呈现极其繁荣的态势。昭和17年至19年,由少国民文化协会派遣,面向全国的小学(当时称为国民学校)以及疏散地的儿童们,开设了演剧教室。由产业报国会(产报)派遣,在军需工厂实施慰问公演。由农山渔村文化协会(农文协)派遣,在农村、渔村进行了食物增产慰问公演。少国民文化协会背后有内务省,产报背后有军需省,农文协背后有农林水产省,分别为他们提供资金,因此公演理所当然得到了保障。食物通过与普通家庭配给不同的特殊渠道供给,品类丰富。舞台道具在那个人力、油气不足的时代也能由卡车等搬运,优先确保了其交通运输。大规模的公演活动在国家的保障下开展。木偶剧成为一种职业,动员了包含业余人士、专业人士在内的大量人员成为木偶剧人。
>
> (长谷川正明《现代木偶剧史探索战时的木偶剧(二)》,《日本木偶剧人》61号,平成9年,日本木偶剧协会)

问题在于"木偶剧成为一种职业,动员了包含业余人士、专业人士在内的大量人员成为木偶剧人"的实际情况如何。昭和21

年（1946）"日本木偶剧协会"设定组合的座位上，松叶重庸等人被指名道姓地追究战争责任。松叶在战后肆无忌惮地回忆道，他"跟大政翼赞会绑在一起不愁吃喝""还买下了这所豪宅"。[1] 这不禁令人再次感到，政治转向并不仅仅源于暴力镇压，像这样"吃饭"层面的问题亦能引发。

大政翼赞会涉足了电影、漫画、少女小说、现代诗、舞蹈、戏剧、木偶剧、摄影、艺术设计等周边性的，或者说是吸收了大正前卫派的新兴艺术。然而我们不应忘记，许多艺术家之所以能自发地参与其中，与如上围绕"吃饭"问题的利益纠葛密不可分。

翼赞木偶剧的展开

在此我想对翼赞木偶剧的中心人物——松叶重庸和菅忠道等人参与《翼赞一家》的制作过程做一个简单的概述。

木偶剧团的活动以大正末期千田是也的人形座试演会为代表，在战争爆发后迅速走向衰落。昭和15年（1940）实施近卫新体制时，仅剩的木偶剧团PUK、大阪人形座等也被解散，村山知义等大量演剧相关人士遭到检举。

松叶重庸和战后同样因木偶剧被追究战争责任的菅忠道，从1923年关东大地震时起就开始进行社会活动，当初他们受到以"实际社会中的学问"为理念的帝国大学社会福利运动的影响。据说他们将上演木偶剧作为对劳动者和佃农的一种支援活动。然

---

[1] 长谷川正明、上田顺一：《采访松叶重庸氏（上），现代木偶剧史 探索战时的木偶剧（三）》，《日本木偶剧人》62号，平成9年5月25日，日本木偶剧协会。

而面对包含木偶剧在内的左翼戏剧运动的弹压，他们选择顺应新体制，于昭和16年（1941）4月成立了"人形剧团移动人形剧场"。

昭和17年（1942）5月，该组织最终被翼赞会文化部的下级组织木偶剧研究委员会吸收。正如松叶所述，"跟大政翼赞会绑在一起"的体制就这样形成了。在这一过程中，翼赞会木偶剧研究委员会召开了木偶剧讲习会，素人戏剧方面也曾积极召开讲习会，与讲习会配套的就是作为实践工具的指南与剧本集。

木偶剧在德国用于宣传希特勒青年团（Hitler-Jugend），以此为范式，这种形式在翼赞会也得到重用。他们在专业广告杂志中介绍了希特勒青年团的青年们以制作德国民众木偶剧 *Kasperle* 为课题的例子，以及根据德国 *Kasperle* 而创作的演出剧本（图11）。像这样通过木偶剧讲习会而形成的木偶剧社团，本身就是学习纳粹德国的手段。

但是木偶剧顺应翼赞体制不仅是因为松叶等人"跟大政翼赞会绑在一起"的态度，或是与纳粹文化政策的相似性，更是因为木偶剧极其适合作为参与型动员活动的工具。

作为"跟大政翼赞会绑在一起"的体制，木偶剧研究委员会在其《设定意趣书》中写道，连环画剧和木偶剧是一种对"完全被忽视了的文化财产"的"活用"，并提到了它们的以下特性。

简便易携、操作简单、容易制作，所需材料可使用废物再利用，木偶剧具有广泛滋润国民生活的素质。

（大政翼赞会宣传部《木偶剧研究委员会设定意趣书》，
长谷川正明《现代木偶剧史探索战时的木偶剧（四）》
《日本木偶剧人》63号，平成9年，日本木偶剧协会）

图11 柴田隆二:《德国木偶剧Kasperle》,《宣传》1943年1月号

图12 移动木偶剧场文艺部编:《翼赞木偶剧教程制作编》(1942年7月25日)

这里强调了木偶剧的简便性和易操作性,也就是民众参与难度低。另外,"废物利用"在南达彦的小说中和宝塚舞台上也都成了题材,这部分实乃充分呼应了国策。

解读三本指南

将木偶剧的"低难度"具体呈现出来的,是一系列木偶剧指南,而它们是专门以《翼赞一家》为题材出版的。

具体来讲就是以下三本:松叶重庸的《翼赞木偶剧教程制作编》(昭和16年,1941,12月)(图12)、菅忠道的《翼赞木偶剧教程演出篇》(昭和17年,1942,6月)、移动木偶剧场文艺部编

（内页记有"作者·松叶重庸"）的《手指木偶剧教程（剧本集）》（昭和18年，1943，2月）。

这三本指南刊行于松叶等人的移动木偶剧场被翼赞会木偶剧研究会吸收的过渡时期。它们都是B5大小、正文16页的小册子，由艺术学院出版部印制。内页记有演出篇刊行三千本、剧本集刊行五千本的数字。但具体制作刊行册数不明。因为这三本指南均使用翼赞一家的角色设定，所以"翼赞木偶剧"一词在这里不指"翼赞体制木偶剧"，而是特指关于《翼赞一家》的木偶剧。

松叶重庸、菅忠道于昭和16年（1941）4月成立移动木偶剧场，而翼赞木偶剧研究委员会成立于昭和17年（1942）5月，因此在松叶等人加入翼赞会之前，翼赞木偶剧系列就已经在出版发行。刊行于昭和16年（1941）12月的第一本指南《翼赞木偶剧教程制作编》，虽然作为《翼赞一家》相关出版物来讲稍显滞后，但或许正是他们开始"跟大政翼赞会绑在一起"的契机之一。该书卷首有一篇文化部宣传部长八并琎一撰写的文章《期待木偶剧》。在《翼赞一家》媒体组合的出发点——新漫画家协会的角色设计过程中，经常能在协会方面的议事录里看到八并琎一的名字。

迄今为止，居然没有将人偶作为启发国民的战线进行过动员，这是令人费解的。我想大概是因为，如果按照达到著名手艺人的标准来看，操纵木偶还是很难的。

从这一点来看，这种手套式的手指人偶，无论从制作上还是操作上来讲都极其简单，无论在怎样的穷乡僻壤都能轻易地制造。此外在舞台上可以做动作，便于即兴或按需重组故事的情节，具备各种优势特色。我衷心希望它可以尽快像大和一家一样,作为小演员在部落里、工厂里和例会里泼辣地一展身手。

(八并琏一《期待木偶剧》,松叶重庸《翼赞木偶剧教程制作编》,昭和16年,艺术学院出版部)

有趣的是,从"手套式的手指人偶"和"小演员"这些叙述中可以看出,八并琏一具有角色动员的思想。这种思想将面向素人的参与型动员与角色相结合,使对国民的启发不再依赖于电影和漫画这种复制型媒体,而是将角色渗透进邻组级别的细胞内部。

因此,《大和一家》角色人偶的制作方法也参考了手指人偶的制作方法。《翼赞木偶剧教程制作编》一书中刊登了手指人偶的成品照片(图13),制作方法指南也是以大和赞平的角色为例(图14),然而文字叙述中却并未提及该角色为《翼赞一家》中的人物。也就是说,这是一本乍一看不提及《翼赞一家》的手指人偶入门书。下一部《演出篇》也与此相同,大量刊登了《翼赞一家》木偶剧的演出剧照。(图15)舞台进行表的示例中也可以看到《翼赞一家》的名字。(图16)然而这里的叙述也指出,本书是木偶剧的详细表演指南,作为其中一环展示舞台进行表的制作案例,仅为方便起见,以《翼赞一家》为例。

在发行了三百部的《剧本集》中,与舞台剧照一起,也刊登了两部《翼赞一家》的木偶剧本。《翼赞一家》终于作为内容本身出现了。该书说这是"自导自演的快乐"即一种强调素人和协同的语境。

只要有一套人偶就可以表演好几部剧目,老少皆宜,谁都可以轻松表演出有趣的剧目,这就是《翼赞一家》。

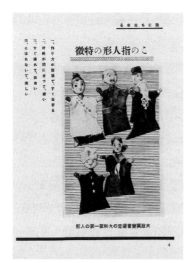

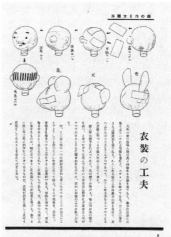

图13　松叶重庸：《翼赞木偶剧教程制作编》（1941年12月）

图14　《翼赞木偶剧教程制作编》中以大和赞平的角色为例指导制作木偶

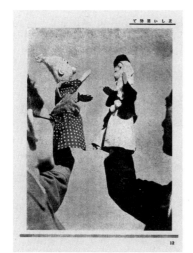

图15　菅忠道：《翼赞木偶剧教程演出篇》（1942年6月）

「ある日の翼賛一家」進行表　舞台進行　宮下

景	1	2	3
人形	爺、婆、事務員	隣の夫、その妻、爺	三郎、稲子、爺
担当	早川、松葉、小畑	菅、高田、早川	山本、高田、早川
小道具		回覧板、集録の火鉢、金属回収用ウバ車	ヒヤシンスの鉢、慰問袋

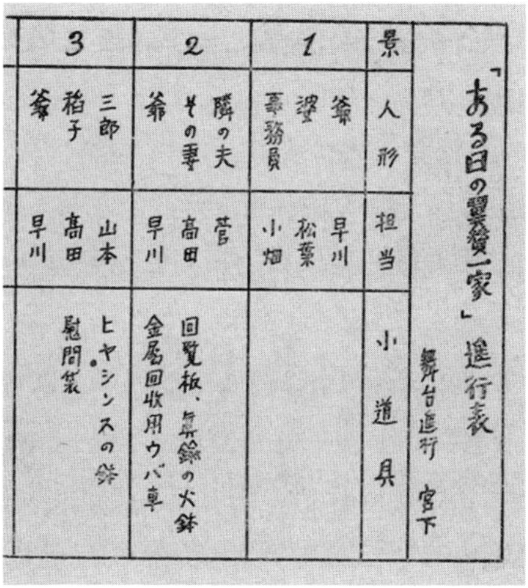

图16　《翼赞木偶剧教程演出篇》中的舞台进行表

能够配合各种各样的集会氛围，巧妙地融入时下话题，并与观众展开热烈交流的即兴剧，这就是《翼赞一家》。

（中略）此外，更希望通过集结了大家创意的《翼赞一家》剧目，能为大家带来自导自演的快乐。

（松叶重庸《手指木偶剧教程（剧本集）》，
昭和18年，艺术学院出版部）

这里最重要的一句是："集结了大家创意的《翼赞一家》剧目"，它体现了对参与者二次创作剧本并演出的鼓励。由此可见，从此刻开始木偶剧成为《翼赞一家》相关媒体组合中最为平易的参与型媒体组合。

翼赞会宣传部的"木偶剧丛书"

以上三本木偶剧指南发展成了大政翼赞会宣传部编的"木偶剧丛书"。

该丛书的各书为B6大小、60页左右的册子，与素人戏剧系列相同，由《木偶剧推荐》《手指木偶剧》《提线木偶剧》《木偶剧剧本集》四册构成（图17）。其中《木偶剧推荐》为木偶剧运动的理念篇，素人使用手边现成的道具即可表演，书中还提及了为此举办的讲习会。插图中使用了一部分《翼赞一家》（图18），其中也有部分使用的是剧照。书中写道，讲习会"大概有七个小时"，并呼吁读者"使用包括图书在内的小册子"，"只要仔细阅读，融入自己的加工，就完全可以进行演出"，"如果写成了实践报告或剧本，希望能寄给我们"。《手指木偶剧·制作方法与表演方法》和《提线木偶剧·制作方法与表演方法》两册则分别对

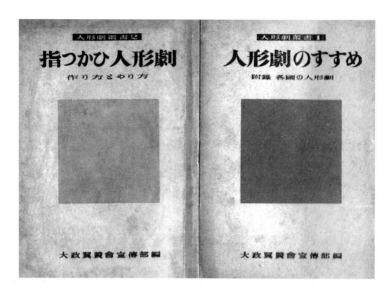

图17 大政翼赞会宣传部编辑出版:《木偶剧丛书1 木偶剧推荐》(1943年3月15日);《木偶剧丛书2 手指木偶剧》(1943年3月20日);《木偶剧丛书3 提线木偶剧》(1943年3月15日);《木偶剧丛书4 木偶剧剧本集》(1943年4月5日)

图18 《木偶剧丛书1 木偶剧推荐》的插图使用了一部分《翼赞一家》

141

木偶的头部和服饰的制作方法及练习方法、舞台的使用方法（在家里使用屏风，在学校则使用讲台）进行了极为具体的介绍。此外，还对剧本的写法进行了细致的解说。

《提线木偶剧》相对比较专业，但结构不变。相比技术难度更高的提线木偶，确实更推荐普通人使用手指木偶。但与此同时，关于提线木偶的制作方法，乃至操作方法都进行了指南化，这一点意味深长。提线木偶绝非简单、易上手的，但借助翼赞体制之便确实使其制作和操作方法都得以发展延续。在战时的动画领域里，濑尾光世的《桃太郎·海之神兵》也是如此。在大众文化领域中，有将战后如何继承延续这一方法论进行体系化的一面，木偶剧也不例外。

令人惊讶的是，如果采信该木偶剧指南背面的发行部数记录，可以看到该书印刷了三万册，是《翼赞一家》的近十倍。有证言称可以在车站的商店里买到，由此可见翼赞会相当热衷于鼓励普通人参与木偶剧。此外，书的扉页上印有："读完本书后，请给您的邻组或朋友们传阅"，即期望利用邻组的人际网络增加阅读量。

在《翼赞一家》木偶剧中，业余素人的参与不仅局限于制作人偶或参加表演，观看的行为也是参与的一部分。在木偶剧中，邀请观众"协同"合作是其一大特征。

以下是《翼赞一家》木偶剧开头部分中的关键之处。

奶奶：老头子，你，真的要上吗？
爷爷：当然了。不然你为啥来的？
奶奶：但是，我，光是走进这医院似的房子里，就觉得头重脚轻。

爷爷：你是感觉要生病吗？为什么你总是打退堂鼓呢？被孩子看见了像缩头乌龟似的。

奶奶：（稍微有点发火）那老头子你为什么那么不知道自己几斤几两呢？说起木偶剧，无论是文乐还是什么，都是从小开始苦练几十年的人才能上台的啊。而我们……

爷爷：你说什么呢？照你说的，文乐演员会来给我们演吗？他们会给我们工厂的工人们表演木偶剧吗？会来部落例会给村里的年轻人、孩子们表演吗？

奶奶：那肯定是不会的。

爷爷：对啊，所以说啊，老太婆，只有我们厚着脸皮哪哪儿都去，简单地给他们表演，让他们高兴啊。喏，你看啊，（给奶奶看观众席）有那么多的观众，如此盼着咱们的演出呢。

奶奶：天啊，这么多人，可怎么办啊！老头子，我……腿都抖得停不下了。

爷爷：你看，那是开始的手势，上吧。这是我们的奉公，崇高的奉公啊！（牵起奶奶的手）老太婆，打起精神来。

(松叶重庸《手指木偶剧教程（剧本集）》，昭和18年，艺术学院出版部)

可以看出，剧情里描写了剧中人物本身也被动员起来、为了宣传而即将表演木偶剧，这可谓一种自我参照。或者说人物角色超越了观众一方的现实，缩短了虚构的角色与观众的距离。同时在全剧高潮部分，再次通过以下场面呼吁观众参与。

赞平：爸，你听我说。（耳语。爷爷点头称是。）

爷爷：这样的话，对于台前的观众，嗯嗯……一起……这样好,这样好……(面向观众席)咳咳,各位观众,大家觉得怎么样啊?这是要送给奋战在前线的士兵们的慰问袋,承载着咱们后方民众们感谢的真心,希望能竭尽所能多装几份。能否邀请大家一起合唱《爱国进行曲》?可以吗?(观众席响起掌声)啊,看来有很多赞成的人啊。那么拜托大家啦。一,二,三。

  合唱《爱国进行曲》

  (如果观众席没有响起热烈的歌声时)

  爷爷:啊,稍等,稍等。好像只有台上在唱,听不到前面各位的声音呀。各位观众朋友,请一起大声合唱好吗。一,二,三。(再次合唱。歌声中静静落下帷幕。)

(同前书)

  像这样,剧中人物甚至积极承担了鼓励观众参与的煽动者的角色。《翼赞一家》木偶剧作为素人参与模式的翼赞运动,可以说真正达到了其本来的目的。

第四章 从『邻组』到『微笑共荣圈』

在各大报章连载的《翼赞一家》之中，有一版是宍户左行的《大和家的翼赞日记》，其最终回里描绘了这样的一格。画面中的三郎面对自家种植的树苗自言自语道："等到大东亚共荣圈确立时，会长到多高啊。"也就是说《翼赞一家》在日本国内连载结束的时候，正是"大东亚共荣圈"扩张之时，本章即讨论这一问题。

在第二章里我们提到，在近卫新体制下为宣传"邻组"而设计出来的《翼赞一家》中，不仅设计了家族成员，连邻组的构成人员，甚至街道地图都设计了。邻组无疑是新体制下邻保组织的构成单位，在其内部关于家庭与邻组的关系有如下描述：

> 其次，我们日本是家族国家。即国就是家，国民都是一家人，所以町会是一家，町会会员是一家人。邻组是一家，邻组组员也是一家人。换言之，我们自己小家的延长，必将成为邻组，成为町会。
>
> （《邻组例会的说明书》，昭和10年，东京市政府）

也就是说，家庭与邻组是一种套娃结构。仿佛俄罗斯套娃一样，个人小家外面套着邻组这个家庭，外面再套上国家这个家庭，层层扩大。通过打通与隔壁邻居的分界线（院墙），以饮食为代表的生活协同化等，使街道逐渐走向家庭化。理论上讲在农村也是如此，九家四十一口人不存自家私财，不图自我，共同耕作，会令人想起苏联的集体农场，但这却是《翼赞一家》中赞美的场景（《大和翼赞一家》，《日产农业》昭和16年6月号）。

另一方面，鼓励将家庭内部的会议特意称为例会。个人的小家成了最小单位的邻组。新体制否定和厌恶个人主义，个人结合以家庭结合为原理，而邻组则是俄罗斯套娃式的家庭扩张装置。如此，从家庭到町内再到国家并非一个金字塔形的阶层系统，而是一种套娃构造。因此街道地图中的"大和一家"这一构图所呈现的意义不可小觑。但是，这个家庭套娃的最外层就止步于国家了吗？《翼赞一家》的问题推行至此，我们将在本章探讨这部分内容。

扩大至八纮一宇的《翼赞一家》

其中一份邻组指南中有如下记录：

对于连左邻右舍都不会交往的城里人，通过邻保制度相识互助无疑是一大进步，邻组即是一家人。不需要围墙，也不用设屏障，最后连内心的隔阂也可以完全跨越，这样就从"形而下"至"形而上"地实现了邻组一家的成果。这既是皇国一家的基本单位，也是具体实现八纮一宇的第一步。

（铃木嘉一《第三节 目的》《邻组与例会——例会运营的基础知识》，昭和15年，诚文堂新光社）

邻组一家是皇国一家的基本单位，这就意味着它也是八纮一宇的构成单位。也就是说，被称作"外地"的和被视为侵略对象的亚太地区——"大东亚共荣圈"（斗胆使用这一说法）成了邻组套娃构造的最外层。

"八纮一宇"一词毋庸赘言，出自《日本书纪》中神武天皇所言的"掩八纮而为宇"（征服世间八方，置诸同一屋檐之下）。大正时期，由田中智学倡导，自昭和12年（1937）开始时起，积极采纳其作为国策用语。如其字面意思，是一种以国为家的思想。"国家"这个近代日语词中，看似理所当然地使用了"家"字，然而它所带来的意义，值得我们更深入地思考。如此想来，"一家"在套娃构造下不断扩张的终点就可不言自明，即翼赞一家最终必将发展成名为"大东亚共荣圈"的"一家"。翼赞一家在日本统治下的外地，以及在被称为"大东亚共荣圈"的亚太地区具体是如何展开的，笔者目前还未完全把握，然而就目前掌握的材料，在上海、伪满洲国和台湾三地都有蛛丝马迹。

原本当时在被称为"外地"的日本殖民地朝鲜、伪满洲国、中国台湾和中国各沦陷区都发行了日本各大报纸的外地版。如《朝日新闻》有大阪朝日新闻西部本社，《每日新闻》也同样有自己报社的西部联络部，它们均以九州为编辑基地制作外地版。报纸由全国版和外地版构成，外地版对应各地区进行编辑。《朝日新闻》有朝鲜、伪满洲国、中国台湾以及"北支"（华北）、"中支"（华中）等各外地版，一段时期内朝鲜甚至出了四个版本，伪满洲国出了两个版本。《每日新闻》则有朝鲜南部版、朝鲜北部版、伪满洲国版、中国台湾版、中国大陆版等。按照这样的情况，殖民地报纸与日本国内共通的版面上也有可能出现《翼赞一家》的内容。但仅就目前复制到的外地版报纸来看，未能找到相关内容。

然而另一方面，在昭和15年（1940）这个时间节点上，可以看到昭和14年于上海创刊的《朝日新闻》旗下的《大陆新报》，伪满洲国则有《"满洲"日日新闻》《"满洲"新闻》，中国台湾有《台湾日日新报》等各地出版发行的日语报纸。在这些报纸中可以零星看到关于翼赞一家的广告。

比如《大陆新报》里，有在近卫新体制下由《朝日画报》斡旋而派遣至上海的新日本漫画家协会成员可东己之助。《大陆新报》借助可东己之助召集轴心国的漫画家们，成立了徒有其名的国际漫画集团，还提出了让拍摄《铁扇公主》的万氏兄弟再度合作的策划方案，非常积极地利用动漫手段进行对华宣传。

在《大陆新报》上并未看到《翼赞一家》本身的连载。然而在昭和16年（1941）1月23日的报纸上，可以看到关于横山隆一新著、大政翼赞会监修的《翼赞一家》单行本的广告。（图1）3月1日的广播栏里也可以看到"三月的翼赞一家《我家的恳谈会》"的记录，这应该是剧本仍然存在的 NHK 广播剧系列中的一部。此外，还可以看到频繁使用翼赞一家角色的狮王牙膏和营养饮料 Politamin 的广告（图2），少女浪曲家春日井 Okame 的浪曲广告也刊载其中（图3）。

这意味着《翼赞一家》在上海也有各种形式的传播，然而以上海为对象的《朝日新闻》"中支"版的全国版中也暂未发现《翼赞一家》的连载。但如果《翼赞一家》在当地没有相应的知名度，那么单行本及相应人物角色的广告则没有意义。

《大陆新报》虽与《翼赞一家》没有直接关系，但1月22日的一篇名为《中国朋友的画·试试用圆规作画》的报道却引人注目。使用圆规，以圆为构成体指导中国朋友作画，由此可以令人联想到《翼赞一家》也是为了让谁都可以画，而采用了基础图形来做设计。《大陆新报》这篇报道也可以说是通过绘画进行动员

图1 《翼赞一家》单行本广告，《大陆新报》1941年1月23日

图2 营养饮料Politamin广告，《大陆新报》1941年6月11日

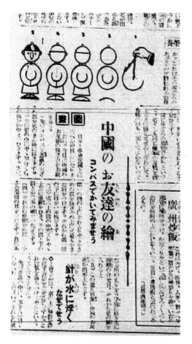

图3 春日井Okame：《浪曲翼赞一家》广告，1941年7月12日

图4 《中国朋友的画》，《大陆新报》1941年2月2日

的一种表现吧。(图4)

另一方面,伪满洲国的《"满洲"日日新闻》上也刊登了与《大陆新报》图片相同的单行本广告(昭和16年1月26日)。此外在德山涟的唱片《防火心邻组》的广告(同年2月9日,图5)中,也使用了大和赞平的角色。与上海一样,除了狮王牙膏、营养饮料Politamin外,还有乐敦眼药水的广告(图6)。在"满洲电电"("满洲"电信电话株式会社)面向日本听众的广播中,节目表上写着昭和16年(1941)2月27日将播出歌谣节目《歌唱大和一家》。(图7)

在上海和伪满洲国除了广告之外,其他如广播和音乐等听觉媒体上多少也有《翼赞一家》的展开。另外目前可以确认的是,《翼赞一家》在中国台湾的媒体组合几乎与日本是同时进行的。通过中国台湾独立学者蔡锦佳的调查已可洞见大量相关情况,本章则基于与他的共同调查继续深入。

活跃在中国台湾的大和家

在中国台湾的《台湾日报》上,比日本内地的报道晚了两天,昭和15年(1940)12月7日,以《翼赞电影〈大和一家人〉》为题,刊登了角色一览表和街道地图。(图8)我们并不清楚这里的电影是漫画的误用,还是因为在此之后日本又公开征集了漫画电影的剧本,所以在此故意沿用电影的表述。

报道的开头是"大政翼赞会宣传部委托新日本漫画家协会制作的翼赞漫画大和一家的成员和舞台介绍"。这里并没有提及版权的献纳、任何人都能画的设计,或是像《朝日新闻》那样公开征集作品。

图5 《防火心邻组》广告,《"满洲"日日新闻》1941年2月9日

图6 乐敦眼药水广告,《"满洲"日日新闻》1941年1月13日

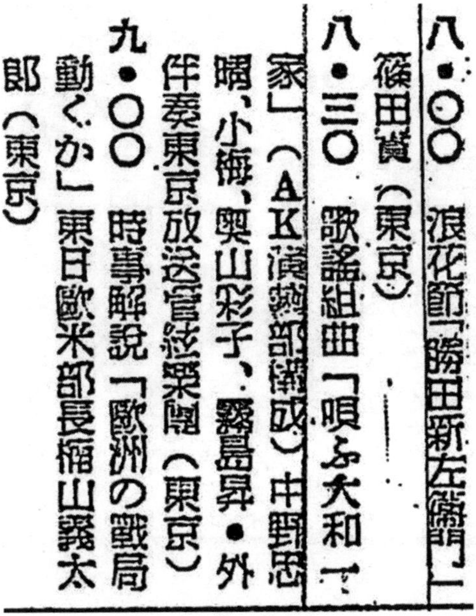

八・〇〇 浪花節「勝田新左衛門」篠田寶（東京）

八・三〇 歌謠組曲「唄ふ大和一家」（AK演藝部構成）中野忠晴、小梅、奥山彩子、霧島昇・外伴奏東京放送管絃樂團（東京）

九・〇〇 時事解說「歐洲の戰局動くか」東日歐米部長楢山義太郎（東京）

图7 歌谣节目《歌唱大和一家》播放预告，《"满洲"日日新闻》1941年2月27日

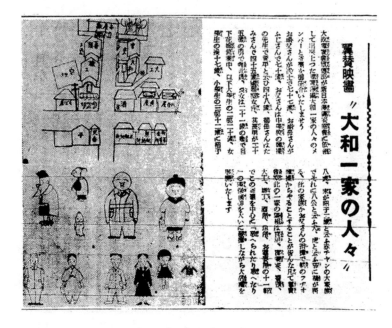

图8 电影《大和一家人》预告，《台湾日报》1940年12月7日

报纸上对于大和一家的成员和街道的介绍如下：

祖父叫武士，77岁。祖母叫富士，70岁。父亲是中学体操老师赞平，48岁。母亲叫多美，是45岁的国防妇女。其长子勇，25岁，公司职员。长女樱，21岁，目前正在学做准新娘。底下是二郎，20岁，大学生。操，17岁，女学生。三郎，12岁，小学生。稻子，8岁。最后是昭子，2岁的婴儿。这样一个大家庭，还有小狗八公、小猫阿虎和一些鸡。这一家人在父亲的指挥下，从早上的广播体操开始，一日的生活都是翼赞会式的。这一家的邻组里有官员、实业家、掌柜、木匠、工匠、开酒馆的、开鱼店的、开荞麦面店的共11户。以这个舞台为中心，一边充分发挥"互教互学"的邻保精神，一边展开他们自己的生活故事。

(《翼赞电影〈大和一家人〉》，《台湾日报》昭和15年12月7日)

这里虽然有提及邻组，但另一方面也有"互教互学"这一日本本土没有的措辞。毋庸置疑，这是国民歌谣《邻组》中的一节，但引用该部分，可以感受到与近卫新体制下的协同略有不同的意味，它将邻保精神的中心体现在了相互教化的问题上。

虽然在《台湾日报》上刊登了这样的预告，但《翼赞一家》的实际连载是在《朝日新闻》的中国台湾版上。从12月13日起，该报纸上开始了《翼赞漫画·大和一家寄给台湾的图画信》(图9)的连载。

从标题上看感觉是面向台湾的本土化策划，但这似乎原本就是朝日新闻大阪总公司的策划案。在《朝日新闻》东京总社版中，如第一章所示，连载了两次公开征集的作品。与此相对《朝日新闻》大阪总社版从12月12日开始在晚报上连载新日本漫画

图9 《大和一家寄给台湾的图画信》,《朝日新闻》台湾版1940年12月13日

图10 《大和一家寄给浪花的图画信》,《朝日新闻》大阪版1940年12月12日

图11 《来自大和一家的图画信》，《朝日新闻》西部版1940年12月17日

家协会成员轮流创作的作品，即合作的图画信系列。也就是说《朝日新闻》大阪总社版没有刊登公开征集的作品。在这一点上，东京和其他地方媒体的发展战略似乎不同。

大阪总社版仿佛是为了用于东京总社版以外的情况。大阪总社版会插入《大和一家寄给浪花的图画信》(图10)，奈良地区版则会插入《大和一家寄给奈良的图画信》这样的地区名。然而从17日开始，西部总社版也开始了刊载，使用的标题是《来自大和一家的图画信》，并没有加入地域名。(图11)由此可见，这并不是一个特别意识到外地的系列，因此可以认为，图画信系列的宗旨是向包括外地在内的各地区传播新体制，因此通过更换地域名而轮流使用。

《翼赞漫画·大和一家寄给台湾的图画信》是该系列的台湾版标题。这个图画信系列的作者，在报纸上表述为"新漫画派集团同人"的漫画家们。新漫画派集团是加入新日本漫画家协会的漫画集团之一，但实际执笔的成员来自被新日本漫画家协会"大同团结"的各个小团体。国际漫画协会的白路彻、漫画协会的川口久、三光漫画团的松下井知夫、志村常平、个人会员的那须良辅等各派都被分配了执笔机会。

《翼赞一家》是横山隆一和中村笃九等新漫画派集团出身的人主导的，之所以用新漫画派集团的名义并采取竞赛的形式，或许是为了在形式上与献纳了版权的"协会"和执笔者们进行区分。《朝日新闻》东京总社版与其他报纸不同，他们迎合翼赞会的协同主义，转向了协动型投稿策划。因此漫画集团参与合作的本来目的——为集团挣得报纸版面，反而是由《朝日新闻》大阪总社版承担了起来。因此中国台湾版图画信系列也以新漫画派集团的名义发表。

在台湾开始了漫画《翼赞一家》

关于作者名的问题，昭和16年（1941）2月15日在《台湾新闻》上开始连载的松下井知夫《翼赞一家·大和老人卷》中如下写道："本报将连载新日本漫画家协会同人所绘漫画《翼赞一家·大和老人卷》。"（《台湾新闻》昭和16年1月30日）该预告中只有协会名，没有松下井知夫的名字，且不是以"新漫画派集团"而是"新日本漫画家协会"的名义来表述的。此外还可以找到另一部作品，冈井志乃夫的《连续漫画·邻组与大和一家》（《高雄新报》），但作者冈井志乃夫的来历并不清楚。

就目前发现的以上三版中国台湾的《翼赞一家》，我想从"外地"的语境出发，探讨一下中国台湾版的"图画信"系列。我认为，即使是同样内容的漫画，在《大和一家寄给浪花的图画信》和《大和一家寄给台湾的图画信》中，即"内地（日本本土）"与"外地（日本本土之外）"的意义还是大相径庭的。

原本的"图画信"系列，例如长谷川町子版，无论好坏在战时都保证了一种温暖的氛围，与此同时，直截了当地传递了新体制的信息。

而《朝日新闻》中国台湾版上的"图画信"系列，比《朝日新闻》大阪总社版晚了一天，从昭和15年（1940）12月13日开始连载。第一集村山茂的作品题为"无须火盆"，所配文字中写道：

"爷爷，没有火盆你不冷吗？"
"奶奶你才是，不冷吗？"
"爷爷，你怀里是抱着个怀炉呢吗？"
"我怀里的不是怀炉，是燃烧着的赤子之心。"

从该作品里感受不到作为漫画的最低限度的幽默和讽刺。

把这种露骨的信息传递和《大和一家寄给台湾的图画信》这一本土化标题相结合时，凸显的只有日本对于殖民地的教化目的。可以说这里的互教互学中的"教"的一方无疑是日本本土，"学"的一方则是沉默的中国台湾。

以下是《大和一家寄给台湾的图画信》系列的具体题目：《旧钉子的去向》（横山隆一，12月14日）、《早上的节水》（那须良辅，12月15日）、《孝顺按摩》（松下井知夫，12月17日）、《致一百二十亿》（志村笃平，12月18日）、《共同腌菜》（白路彻，12月19日）、《不吃鸡蛋》（小泉紫郎，12月20日）、《致士兵》（芳垣青天，12月21日）、《川柳〈立话〉》（中村笃九，12月22日）、《寒国相扑场》（森熊猛，12月24日）、《家庭例会》（川口久，12月25日）和《年糕粮票制》（山口哲，12月27日）。

　　从这些题目中也可以在一定程度上想象出各个漫画的主题，《旧钉子的去向》是关于炼铁献纳。《孝顺按摩》讲的是在睡前由年轻人给长者按摩取暖，可以节约暖气。(图12)《致一百二十亿》是关于全家积极储蓄存款。(图13)以上基本是以节约和储蓄为主题的。《共同腌菜》是关于邻组搭伙共同做饭，《不吃鸡蛋》是把鸡蛋让给有新生儿的家庭，两者皆以"邻保共同"为主题。《致士兵》是一家人共同制作慰问袋，《川柳〈立话〉》是提防间谍的主题(图14)。其中《川柳〈立话〉》里附有这样的说明：

　　翼赞一家的奶奶也很会写川柳呢。
　　在路上听见附近主妇们没完没了地闲谈，就马上有了以下三句（川柳）。
　　站着闲聊　破锣嗓子　喋喋不休。
　　站着闲聊　间谍内鬼　隔墙有耳。
　　站着闲聊　人家钱包　她都惦记。

　　这里与其说是川柳，不如说是标语。《寒国相扑场》是关于锻炼身体的，《家庭例会》是将家庭会议表现为例会的形式(图15)，《年糕粮票制》是关于计划经济粮食配给的主题。
　　几乎所有的作品都不包含搞笑幽默的元素，更没有政治讽刺，完全是宣传的工具。这些都是自上而下单方向的教化，与通过协动诱导形成的自下而上合作主义是完全相反的思路。将大和一家中最年长的爷爷大和老人设为主人公，也体现了很强的自上而下的教化特点。
　　另外这种篇幅稍长的文字配图画的组合，实际上是战时海报

图12 《孝顺按摩》,《大和一家寄给台湾的图画信》,《朝日新闻》台湾版1940年12月17日

图13 《致一百二十亿》,《大和一家寄给台湾的图画信》,《朝日新闻》台湾版1940年12月18日

图14 《川柳〈立话〉》是提防间谍的主题。《大和一家寄给台湾的图画信》，《朝日新闻》台湾版1940年12月22日

图15 《家庭例会》，《大和一家寄给台湾的图画信》，《朝日新闻》台湾版1940年12月25日

或壁报的重要形式之一。战时海报除了以标语为主的简短形式以外，像辻诗和辻小说这类，相对简短的、故事性强的形式也是一种主流。

除了台湾的《翼赞一家》之外，广播中7月1日的节目单上还有《少国民的时间（东京）剧7月的翼赞一家和乐融融五人组》。（图16）这应该是由日本广播协会制作，在内地和外地播出的数部广播剧中的一部。似乎以每月制作一部的频率，频繁发送至外地。虽然目前还未涉及该方面的调查，但至少在中国台湾，媒体组合通过报纸漫画、广播音乐和广播剧等形式得以展开。

另外还发现了关于"大和一家"雏人形娃娃等的相关报道（图17），以及几种广告。与上海和伪满洲国在日本企业广告中使用大和家相关角色的情况不同，《翼赞一家》直接与台湾本地企业的合作广告显得很有意思。（图18）台湾似乎也售卖与日本本土完全一样的《翼赞一家》相关杂志和书籍。

台湾的"皇民化"运动

由此可见，一个版权跨越多个作者的作品以及不同媒体形式的媒体组合在中国台湾有了相应的发展。然而另一方面，目前还未能确认在日本内地展开的漫画投稿，或者木偶剧等二次创作形式的素人动员与《翼赞一家》的联系。

这种差异需要考虑到中国台湾的新体制运动与日本内地有很大差异，从根源上讲，中国台湾的新体制运动是一场三族一体化的运动。"三族"是指内地人（来自日本本土的移居者）、本岛华人和台湾少数民族。日本试图通过将三族"一体化"来进一步推进"皇民化"，这是有意识地将中国台湾作为在"大东亚共荣圈"

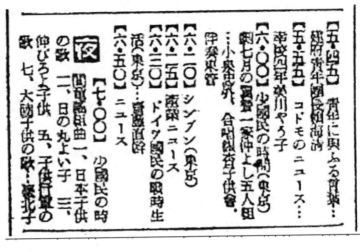

图16　广播剧播放预告，《台湾日报》1941年7月1日

图17　《大和一家的雏人形娃娃》报道，《台湾日报》1941年2月7日

图18 《翼赞一家》与台湾本地企业的合作广告，《台湾新闻》1941年7月31日

范围内推行"五族共和"和"民族共存共荣"的试验场。

当然台湾少数民族群体并不仅仅是日方所称的"高砂"单一集团，其语言和文化也具有多样性，这是不言而喻的。三族一体化的概念本身就与实际情况相去甚远。

在这里，有必要先介绍一下中国台湾的新体制运动组织——"皇民奉公会"。"皇民奉公会"是昭和15年（1940）11月由日据时期设立的"台湾总督府"提议，于昭和16年（1941）4月18日开始实施的。如此看来《寄给台湾的图画信》起到了将较早成立于内地的翼赞运动分给台湾的作用。与《寄给台湾的图画信》一样，以大和老人为主人公的松下井知夫《连载漫画·翼赞一家大和老人卷》也是如此。刊登《翼赞一家》报道的《台湾日日新报》，还

第四章　从"邻组"到"微笑共荣圈"

有连载松下作品的《台湾新闻》与《台湾新报》在当时都被称为御用报纸。另外《朝日新闻》当然是日本内地的权威报纸,中国台湾《翼赞一家》的展开正是源自日本内地翼赞运动的"图画信"。

与此相对,冈井志乃夫在《高雄新报》上连载的《连续漫画·邻组与大和一家》,在台湾"皇民奉公会"(以下简称"奉公会")成立前一天的4月17日开始连载,这一点在当时备受瞩目。以高雄为据点的《高雄新报》是日本人经营的地方报纸,这次连载可以说是地方报纸响应了"奉公会"的成立。

在中国台湾用于开发邻组下级组织的"奉公会"运动是保甲会。保甲会是一种十户一甲、十甲一保的居民组织。在第二章所示的例会邻组指南中,关于邻组起源的说明里,不仅包括了五人组,还包括了中国的保甲制度。这是因为日本在中国台湾和中国大陆,也将邻组的组织化视为统治前提,因此当时设想了援用保甲制度。这些邻组指南和启蒙书也是以外地读者为对象编写的,"奉公会"试图将以保甲为居民细胞单位的行政划分直接替换为翼赞会组织。

我们已经看到,在邻组指南中提到保甲制度始于周代,逐步相传,发展成为今天中国的保甲制度,这本来是移居到中国台湾的汉族社会的自治组织,清朝时进行过整顿。明治时期日本将中国台湾掠为殖民地,进一步将保甲制度推广为少数民族地区的治安组织,使其意义发生了变化,保甲会成为警察的辅助组织,相互监视成为它的功能之一。在如此语境下,前述《寄给台湾的图画信》中以防谍报为主题的《川柳〈立话〉》,也凸显出它与日本内地不同的意味。

日本希望将这样的保甲制度转变为统合日本人、汉人和少数民族的新体制运动组织。"奉公会"运动的目的是将包括少数民族在内的中国台湾全岛六百万同胞臣民化,但他们面临台湾地区少数民族与汉族和日本内地人的对立关系。

在中国台湾,汉族大量渡来之前就有人居住。汉人社会不断与少数民族发生武力冲突,导致两者之间设置了一条名为"隘勇线"的军事分界线。甲午战争之后,吞并中国台湾的日本继承了其他民族与少数民族对立的局面。在这样的历史脉络中,保甲会作为日本对台湾少数民族的地区治安组织继续存在。

此后日本与少数民族反复发生了多次军事冲突。昭和5年(1930),少数民族之一的赛德克人起义,在雾社事件中杀死了134名日本人。日军用战斗机、机枪和毒气等现代武器进行镇压,约有600名赛德克人被杀。另外日本协助与赛德克人对立的另一少数民族参与对抗,这又导致216名赛德克人被杀。保甲会本来就是警察的辅助组织,将其转设为台湾版翼赞会——"皇民奉公会"的基层组织,也有雾社事件这样的历史背景。但这种民族问题并非中国台湾独有的特殊情况,倒不如说中国台湾是比较典型的例子。

在《"皇民奉公会"实践纲要》中这样写道:

现在是世界的历史性转折期,惟神是从、期待八纮一宇之大理想显现的皇国,必须一亿一心,确立高度国防国家体制,向东亚新秩序的建设迈进。今秋,本岛作为面向南方广域共荣圈的前进基地,担负起宣扬皇道之使命,责任重大。

兹全岛六百万同胞组建本会,建立与政府表里如一的合作关系,开展"臣道实践"这一大国民运动,诚心奉公,提倡以下实践纲要。

(上杉允彦《关于"皇民奉公会"(1)——殖民地台湾的大政翼赞运动》,《高千穂论丛昭和六十三年度(三)》,高丽商科大学商学会)

从这里可以清楚地看出，台湾"奉公会"的定位是在"日本"之名下的。中国台湾被视作一个宣扬"皇道"的前进基地，也就是一个试验场，其目的是统合今后将在各地扩大的"南方广域共荣圈"。为此有必要消除民族间的隔阂，当时使用了"台湾一家"这样的口号。

为了将实践纲要的精神具体化，根据时局的要求，严格筛选各种事项和重点主义，于7月14日决定了皇民奉公运动实施纲要。眼下的三大目标以训练和增产为主力，并通过运营例会，确立台湾一家的后方生活。根据今后的形势，持续不断确立本会需要进一步实施的纲要。

（同前书）

像这样将邻组的作用确立为通过例会来保证"台湾一家"的后方生活，可以看出当时中国台湾的邻组是构筑"台湾一家"的基础。

为数不多的台湾"动员"实例

然而，例会的运营方式在日本内地的新体制运动和中国台湾的"奉公会"运动中有很大不同。《"皇民奉公会"实践纲要》是大纲，与"实践"一字之差的《"皇民奉公运动"实施纲要》是其具体方案，都是在"奉公会"成立的前一天，即昭和16年（1941）4月18日决定的。根据《"皇民奉公运动"实施纲要》决定，例会把训练、增产、确立后方生活作为运动的三大支柱。

这里所说的"确立后方生活"，是指生活和日常的再构筑。

在近卫新体制中,生活的科学化与协动化是其中两项准则,然而台湾"奉公运动"的目的却是"皇民化"。正如已经看到的那样,在《"皇民奉公运动"实施纲要》中,例会被明确定位为确立后方生活的实践手段。值得注意的是,以例会为轴心进行的实践有以下范例:

每天早上参拜"大麻"[1],节日时参拜"宫城"、举行"升国旗"仪式。此外还有感恩光荣的志愿兵制度、努力使用国语和努力习得真正的日本人的性格。这里的对象不是日本内地出身的日本人,而明显是汉人和少数民族。《"皇民奉公运动"实施纲要》要求他们崇拜皇室、神道和太阳旗,使用日语,并且感谢昭和17年(1942)实施的陆军和海军的特别志愿兵制度而积极应征入伍,甚至将其称为获得真正日本人的性格的途径。也就是说,"奉公运动"是日本人化的实践运动。毋庸置疑,这种"皇民化"、来自日本内地的"教化",与日本本土鼓励民众参与创作的新体制协同型动员的目的大相径庭。台湾翼赞运动中的互教互学,当然不是日本学习中国台湾的少数民族文化和中华文化,而仅限于日本向中国台湾民众教授日本人的性格。

当然,在这个"皇民奉公会"上,并不是完全没有素人动员的痕迹。例如,在戏剧领域,就曾经举办过讲习会。但是,其主要着眼点在于"根据青年的集体行动和奉公精神开展正确的戏剧"[2],所以教化色彩很强。关于素人动员的有趣之处在于昭和17年(1942)举办的漫画讲习会。

---

[1] 日本伊势神宫的谢礼,神宫大麻的意思。
[2] 皇国奉公会中央本部编:《第二年皇民报告运动的实绩》,昭和18年。

1. 漫画讲习会

漫画作为总力战下的宣传武器是极其直白且有力的，但鉴于在本岛亲见其者极少的现状，我们聘请了东都的中坚漫画家清水昆先生举办漫画讲习会。目的是让人学会感受漫画，同时也学习绘画的基本知识，将来在全力战斗下可挺身以漫画的彩笔报国，同时也为有志之士的崛起提供契机。为此，各地都召集了非常热心的讲习员，始终持续进行真挚的讲习。虽然只是短期讲习，但相信一定会取得相当大的成果。另，讲习为每天下午六点到九点，星期日和节日则改为下午一点到五点。

讲习场所及人员如下：

九月二十九日 至十月三日 新竹市 40人

自十月五日 至九日 台中市 31人

自十月十一日 至十五日 台南市 40人

自十月十七日 至同月二十一日 高雄市 29人

自十月二十三日 至十一月一日 台北市 87人

共计三十天 227人

（上杉允彦《关于皇民奉公会（2）——殖民地台湾的大政翼赞运动》，《高千穗论丛》第24卷第1号，平成元年六月，高千穗商科大学商学会）

讲习会由新日本漫画家协会的清水昆担任讲师，漫画作为"总力战"下的宣传武器被寄予厚望，同时，基于台湾岛上亲见漫画者极少的现状举办了讲习会。新日本漫画家协会当中，可东己之助被送到上海，在《大陆新报》上活动，而北京的《北京漫画》上也刊登了很多协会成员的作品，关于他在外地的活动有必要进行重新考察。这种在外地对当地人进行漫画创作教育，并将其作为宣传工作重点的想法，在伪满洲国和上海也能发现。关于这一点，有必要根据"满映"（株式会社"满洲"映画协会）在伪满洲国的培养电影演员等与电影相关的活动中，进行进一步调查和验证。而在中国台湾，画漫画的素人动员也是从这样的培养开始的。

像这样，《翼赞一家》在台湾并不一定和参与型协同相结合。当然这并非意味着"画漫画的素人计划"还未成熟。"外地居民"被要求的"参与"，其内涵显然与在日本本土不同。

在中国台湾，奉公会也在进行海报和标语的募集。昭和17年（1942）的海报应征有75件，标语有180篇左右，而同年两次征集的陆军特别志愿兵分别有425921名和601147名。原本公开招募的海报数量和志愿兵数量也许不应该是拿来相提并论的数字，但可以看出招募反响的差异十分明显，可见前文"感恩光荣的志愿兵制度"的实践是多么彻底。

在台湾，与这样的自发地参与创作相比，人们更多被要求作为士兵自发地投入战争。而在这种"皇民化"运动中出现的更为吊诡的现象则是微笑运动。

通过"微笑运动"实现情感的一体化

"微笑运动"是昭和17年（1942）9月在台湾"奉公会"举行的活动的名称。其概要如下：

> 为了贯彻持久战，绝对需要身处大后方且明朗通达的各行各业精益求精。在此本会以"微笑翼赞台湾一家"为座右铭，提倡微笑运动，以9月一个月为该运动实施期，在10月以后也继续

贯彻本运动的真正精神,指导微笑日常生活化,以皇民奉公会中央本部及各支部为中心,在各官厅、报社、广播局、兴业统制公司和全日本摄影联盟台湾支部等的全面协助下,对全岛民众进行了强有力的宣传。在开展运动时,受时局下要求微笑的影响,取得了出乎意料的极好效果。

另外,作为宣传策略,收集了长谷川总裁及台湾一家男女老少的笑容,以"微笑翼赞,台湾一家"为标语制作的海报为首,通过广播、戏剧、电影、壁报、千社札式贴纸(时刻微笑,亲切礼貌)以及胸牌、连环画剧、幻灯片、漫画、照片展览会、标语普及、演讲、训话等各种方法,兼做亲切运动,努力贯彻微笑运动的宗旨。

(同前书)

在《台湾日日新报》上确认后发现,昭和17年(1942)8月21日,一则名为"大家一起微笑运动"的报道是第一则相关报道。皇民会中央本部在9月的"例会申合事项"中,决定了"一、感谢陆海航空部队""二、更加致力于培养强大的下一代国民""三、微笑运动"三个事项,并通知了全岛下级组织。

阳光开朗笑嘻嘻的脸,给别人和自己都带来好心情,我们此时的生活虽然有很多痛苦辛酸,但是叫苦喊累,总是苦涩面对的话就更没办法了。今天的这个困难,我们不是笑嘻嘻然后漂亮地克服了吗?让我们每天都笑嘻嘻地以愉快的心情在各自工作岗位上奉公,在这场持久战中强有力地战斗吧。

(《大家一起微笑运动 感谢陆海航空部队 九月例会申合事项决定》,《台湾日日新报》,昭和17年8月21日)

"申合事项"是指上意下达的例会议题,不是对其进行讨论,而是要传达学习和彻底周知。大家一起微笑,也可以说是某种意义上的参与型活动。这个微笑运动,被认为是以日本本土昭和16年(1941)情报局提倡的"笑和运动"为原型的。当时制作了"看起来不像是要打仗的国家""一亿人笑着隐忍直到战争胜利""用笑容把新东亚交给子孙后代"等标语。在日本本土,《翼赞一家》的绘本发行等活动在昭和16年(1941)4月以后,给人一种沉寂的印象,但在时间点上却恰好被"笑和运动"接替。

　　《读卖新闻》以《翼赞一家》漫画连载的形式报道了"笑和运动",称"笑和运动"是在市民生活中撒下笑的炸弹。以翼赞会情报局与冈本一平、北泽乐天等大家合作举办的漫画展为中心,昭和16年(1941)4月1日的《读卖新闻》上出现了第一篇报道。(图19)

　　另一方面,《朝日新闻》到了5月17日才在信息局名义的专栏中提到"笑和运动"。相对于以年轻人为主的新日本漫画家协会的策划——《翼赞一家》,以及对此表示积极接受的《朝日新闻》,知名漫画家们策划的"笑和运动"对应的平台是《读卖新闻》。作为翼赞会情报局的漫画策划,《翼赞一家》的一部分作用被"笑和运动"所承接。《写真周报》第162期(昭和16年即1941年4月2日)组织了"笑和运动专题"(图20),也出现了《翼赞一家》小说中描写过的例会、废品交换会(图21)、"笑和运动杂志漫画展"等页面。在这里也能看到北泽乐天等知名漫画家的名字。

　　中国台湾"微笑运动"的特征是:由奉公会宣传部对媒体进行总动员,动用所有方法、手段进行媒体组合。据报告显示,当时中国台湾制作了海报(图22)1万张、小型海报2万张、千社札

图19 《扔下笑的炸弹》,《读卖新闻》1941年4月1日

图20 "笑和运动专题",《写真周报》第162号（1941年4月2日）

图21 《曾经吵闹如今修好的邻组》,《写真周报》第162号（1941年4月2日）

图22 《微笑运动》海报,《台湾日日新报》1942年9月9日

型贴纸10万张、标牌10万张。"千社札型贴纸是贴在商店的窗玻璃、围墙、墙壁、告示板的柱子、汽车的窗玻璃等上的贴纸,可以直着贴,斜着贴、横着贴也很有趣,因此本部希望在尽可能大的范围内一张也不浪费地灵活张贴。"[1]另外,标牌要求:"在本运动期间,由交通机关从业者、窗口事务担当者、服务业者和其他人员佩戴"。[2] 在600万人口的台湾,就出现了超过20万张的微笑海报和贴纸,这正是当时普遍存在的媒体组合。

奉公会还准备了幻灯片,在台湾的30家主要电影院以"微笑电影会"为题,制作了《绿波的撒娇父子》《绿波的螃蟹社长》等喜剧电影特辑,并进行了放映。在此之前还进行了标语的征集。

○微笑翼赞 台湾一家
○微笑・亲切・台湾一家
○我微笑了 对方也会笑
○笑着度过持久战
○充满欢笑的家・圆满之家
○笑着的大后方不觉辛苦
○艰辛也要微笑度过的持久战
○对客人微笑也是奉公

(《微笑海报 奉公会向全岛分发》,《台湾日日新报》,昭和17年9月9日)

其中有三个标语的宗旨是通过"笑"来承受"大后方"的

---

1 《台湾日日新报》,昭和16年9月9日。
2 同上。

"持久战",也使用了"台湾一家"一词,但很多标语都是在与他人的关系中引入"笑",即希望通过笑容来融洽关系。

所谓的微笑运动,就是希望通过笑容的交流来整合台湾文化间、民族间的分裂和隔阂,可以说是"台湾弥合计划"。在多民族的台湾,由于邻组无法超越"拉门"和"篱笆",所以企图用微笑来超越。

其中意图最为明显的是以"笑吧笑吧"为题的《台湾日日新报》连载专栏。该栏目连续登载普通市民笑嘻嘻的照片和采访,刊登于昭和17年(1942)9月3日至13日。

登场者的职业有店员、公交乘务员、女佣、车夫和服务员,中间夹着两名"总督府"相关人员,接下来是按摩师、送外卖的工作者和打字员,也有被现在认为是职业歧视的称呼,同时,登场者中女性过了半数,因此可以看出凸显职业和性别的多样性是该报道的明显意图。

但其目的并非尊重多样性,而是希望通过微笑来消除多样性。正如《按摩卷》中所说的:"微笑运动应该是普遍地、不论任何阶层地进行实践",可以看出这些人选象征着各个阶级,同时这些阶级与民族也是相对应的。在《笑吧笑吧 车夫卷》(图23)的报道中,用简单的日语特意记述了"本岛人也能成为志愿兵,真是太感谢了,但我年纪大了所以不能当兵",考虑到前文对志愿兵的论述,因此可以推测他是台湾本岛人出身。

从这个采访系列中还可以看出,微笑运动的目的是通过微笑消除日本内地人、台湾本岛人和台湾少数民族之间的阶级隔阂和文化障碍。这一点在《前台小姐卷》中也得到了印证。

守着一尺见方的窗口,不断地连射微笑子弹,勇敢地战斗在

图23 《笑吧笑吧 车夫卷》,《台湾日日新报》1942年9月7日

图24 《微笑》第257号,不动储金银行,1942年2月1日

工作岗位上的女性,那是银行的前台接待小姐,她们所坚守的工作岗位是KANJO(会计)的关口,也是KANJO(感情)的关口。

(《笑吧笑吧 前台小姐卷》,《台湾日日新报》,昭和17年9月8日)

这里说的是通过窗口接待小姐的微笑来突破感情的关口。感情的关口意味着什么,这是不言而喻的。

"微笑着"死去

微笑这个有点捉摸不定的天真无邪的词语,从明治末期开始在儿童书籍中随处可见，在战争时期也被用于绘本等的标题。

但同时微笑实际上还是因为微笑主义而广为人知。明治末期，日本不动储金银行行长牧野元次郎主持了一本名为"微笑"的杂志（图24），更使该词语广为流传。杂志《微笑》的内容是由名人的笑脸照片和成功体验谈组合而成的，《台湾日日新报》的报道构成，恐怕也是借鉴自这里。牧野将这种微笑所带来的自我启发称为"微笑主义"，在大正4年（1914）出版了自我启发书《微笑式处世法》（春秋社）。这本书的广告词上写着"微笑身体健康 微笑家庭美满 微笑生意兴隆 微笑他人也成兄弟（中略）微笑万事成功"等。

之后的《微笑》杂志还刊登了读者的手记，称关东大地震和经济不景气时他也是靠"微笑主义"度过的。昭和8年（1933），在万国妇女儿童博览会上甚至出现了名为"微笑馆"的展馆。牧野的评传由武者小路实笃执笔，甚至还有清水桂撰写的面向儿童的伟人传记《少年牧野元次郎物语·微笑储蓄王》（昭和11年，实业少年社）。小野竹桃也写了《微笑主义与论语》（昭和13年，学艺社）等启发书，该书不知是认真还是玩笑，甚至将牧野称为"微笑宗"的始祖。

这种微笑主义还与鼓励筹集军费的储蓄相呼应，是通过用存款大量购买战时国债而与时局融合的不折不扣的战时思想。

台湾的微笑运动，其实也是借鉴自这个微笑主义，银行前台小姐等例子也是一样，正是牧野的微笑储蓄运动，通过微笑消除与他人的隔阂，也与牧野的"微笑使他人成兄弟"的"微笑主义"一致。此外两者在"用微笑就能解决所有现实问题"的自我启发式精神主义方面是最为相似的。也就是说，所谓的微笑主义，其实就是用微笑这个词来隐藏明显而露骨的目的和欲望。

图25 《笑吧笑吧 长谷川提督卷》，《台湾日日新报》1942年9月8日

而且台湾的微笑运动的目的是通过微笑来推进"皇民化"。如果说牧野的微笑是拜金主义的遮羞布，那么台湾微笑运动的外衣下又藏着怎样的真实目的呢？

"笑吧笑吧"将"总督府"相关人员，即"长谷川总督"和"斋藤总务长官"作为多样阶级之一，夹在普通市民中间登场。他们分别是"台湾总督府总督"长谷川清和皇民奉公会中央本部长斋藤树，刊登在《接待小姐》和《按摩》之上，仿佛他们自己也是"台湾一家"的一员一样，结构十分漂亮。

长谷川的报道（图25）中这样写道：

图26 "微笑共荣圈"标志,《台湾日日新报》1942年9月7日

"'笑'可真是个好事情。皇民奉公会提倡的微笑运动终于要从明天开始了,岛民们也要开怀地大笑一下。微笑翼赞,这不也是一句好话吗?开朗明媚的笑容,不管是自己看还是别人看,这都是一种很好的感觉。(中略)开朗活泼地笑着战胜——大后方的气魄就应如此。"在这里又笑了笑的总督先生挺起身着官服的胸膛走了出来:"现在要去开部局长会议了。"

(长谷川总督《笑吧笑吧》,《台湾日日新报》,昭和17年9月9日)

报道称,统治台湾的高层官员在微笑运动中领先一步展露笑颜,这明显是为运动打头阵的姿态,可以说这是微笑的表面部分。然而关于奉公会的实权首脑斋藤的报道却与以上报道不同。对于微笑的意思,斋藤曾经用强硬的语气说道:

我经常感受到的是前线勇士临死前微笑着呼喊万岁的信条，那铁火般的诚实，如果毫无遗漏地传达给每个国民并能渗透进日常生活的话，那就太好了。

　　　　（斋藤总务官《笑吧笑吧》，《台湾日日新报》，昭和17年9月9日）

　　这里所说的微笑就是在战场上笑着死去。约有21万名"台湾人"被征用为军人、军属、军夫（其中包括以"高砂义勇队"名义出征的少数民族3843人），其中3万多人战死。斋藤的微笑运动的目标是让中国台湾人作为日本人参加战争，然后再微笑着死去。

　　顺便说一下，这个"笑吧笑吧"的报道实际上使用了"微笑共荣圈"（图26）的标志。通过这样的方式，在战争时期，中国台湾作为"台湾一家"被编入"微笑共荣圈"吊诡的八纮一宇的"一家"之中。

　　这一点，让人丝毫也笑不出来。

第五章

手冢治虫也画过《翼赞一家》?

在最后一章中，围绕《翼赞一家》的媒体组合以及战时创作的素人谱系，我们将探讨最后一个重要人物——手冢治虫。正如本书开头提到的那样，手冢在战争末期，用"翼赞一家"的角色绘制了绘本《桃太郎》，在这里我想重新思考一下该事件的历史意义。

手冢治虫作为漫画家的登坛之作，一般被认为是他就读于大阪帝国大学附属医学部时期的昭和21年（1946）1月在报纸《少国民新闻》上连载的四格漫画《小马日记》。在手冢的首部单行本漫画《新宝岛》发行后，《小马日记》也紧随其后发行了单行本。单从报纸连载不容易发觉，但从单行本上主人公被 GI[1] 抱着的封面画上，可以看出这是美军占领时期的漫画表达。（图1）

然而，手冢自己说过"我的处女作是昭和19年（1944）出版的《桃太郎》"。此事也引起了几位研究者的关注，但目前还没有确认相应的研究著作。手冢的言论是在昭和30年代中期提出的，首先值得注意的是，这是在以常盘庄群体为中心构筑的战后漫画史史观确立之前的证言。

1　日语里"美国士兵"的俗称。——译者注

图1 手冢治虫:《小马日记》,有文堂,1947年7月10日

几个证言

手冢的证言之一是《全国贷本新闻》49号(昭和36年,即1961年9月发行)的报道《手冢治虫先生访问记》中附带的《手冢治虫氏素描》。文中提到他"学生时代曾画过绘本《桃太郎》(战争时期大政翼赞会推荐),漫画处女作品是昭和21年(1946)小学生新闻发表的《小马日记》",其中并未写明是否有翼赞一家系列作品。

因为《全国贷本新闻》是图书租借行业的杂志,所以其中也有曾经在大阪召集少年召开座谈会时的参加者辰巳嘉裕先生的文章。上面这段话与辰巳嘉裕在晚年《剧画漂流》等作品中回忆的内容一致,被认为是手冢在《访问记》中所述内容摘要。手冢治虫自称于"大正15年(1926)11月"出生,而他实际上是昭和

3年（1928）11月出生的。手冢于生前谎报年龄的事情现在已是众所周知，他之所以敢于提及战争时期的职业生涯，也有可能仅仅是为了填补因虚报年龄而产生的时间延迟。

但是报道中有关于将事务所设立于手冢府邸的"儿童漫画协会"的记述，该协会的顾问里有身居《翼赞一家》策划核心的人物松下井知夫。另外，正如序章中所看到的那样，酒井七马也画过《翼赞一家》系列漫画。基于手冢治虫与这些人的关系，他应该不会在公开场合谈论虚假的职业生涯，否则会变成一个非常容易被拆穿的谎言。

另一个关于手冢的证词，在此引用其开头的一部分。这是在儿童文学家松谷美代子主持的"民间故事会"机关杂志《民间故事》（第20期，昭和35年即1960年5月）上的座谈会记录。出席者除了手冢之外，还有马场登、富田博之和竹内敏晴。其中，马场是在手冢的《W3》中也作为角色登场的朋友，属于手冢知心的同龄好友。他比手冢大一岁，出生于昭和2年（1927）。富田博之是儿童文化史研究者，战时曾在面向学校的戏剧节集中发表作品，战后也继续作为"学校戏剧"的专家开展活动，因此富田很有可能具备《翼赞一家》和素人戏剧的相关知识。竹内敏晴在后来作为独特的身体论的实践者而出名，而当时他主要活跃于学校和农村的戏剧现场。富田、竹内二人在继承了战时素人戏剧运动谱系的战后儿童戏剧运动方面有很多共通之处。

儿童戏剧和儿童文学曾是战争时期贯彻国策的协助活动，所以可谓是有污点的文艺活动。在那个还残留着伤口的结痂的时代，对于有相关经历的人，我认为没有必要特意说些假话来自揭伤疤。手冢的以下证言虽然略长，但还是在此完整地引用如下：

手冢：在那之前只是因为喜欢而画画的。既没想过出版，也没想过卖钱。而且，那是受《黑野狗》之类的影响而画的类似作品。

富田：那个时候，大家都在积极给《少年俱乐部》之类的杂志投稿呢，你投过稿吗？

手冢：我投过一次。（笑）那个把我稿子毙掉的人，前阵子我还遇到了呢。他还记得呢。

马场：我也在中学一二年级的时候，报名投稿过拼图画之类的呢。

手冢：我们当时画画是在战争时代，所以无论怎么画都没有发表的地方。也没想过发表。战后一两年出版的条件也很差，所以也没能发表。

富田：第一次出的书是什么呢？

手冢：我的话是大政翼赞会的《桃太郎》。当时再生纸的质量很差，有个叫《翼赞一家》的是吧，就是那个。当时是在各个地方都有各种各样的人在画，是大政翼赞会决定的主人公吧。爷爷、奶奶……

马场：那是拼图画啊。

手冢：那是昭和十九年（1944）。大阪的书店给我出的。

竹内：那个时候还没有使用电影的手法是吧？

（手冢治虫、马场登、竹内敏晴、富田博之座谈会《漫画的发现》，《民话》，1960年5月号，未来社）

从这个证言可以看出，马场和手冢都曾经是投稿漫画的孩子。参与报纸及成人杂志投稿的"素人"，以及在从无产阶级艺术运动发展而来的新体制中画漫画的劳动者，此外还有不同于以

图2 《少年俱乐部新年号附录：漫画学校》，《少年俱乐部》1934年1月号，大日本雄辯会讲谈社

上两者的"画漫画的孩子"，该群体也在15年战争中浮出水面。在《少年俱乐部》中，可以看到这样的征稿策划：征集孩子们用漫画入门书的附录（图2）或《黑野狗》中的角色进行的二次创作，田河水泡再将其誊写并刊登于杂志的投稿策划中（图3）。在战争时期，手冢在笔记本上留下了很多私家版的漫画，其中有一本漫画入门书《亚当森漫画自学指导》（图4）在古书店的贩卖目录中被展出。

昭和初期以后，面向成年人的漫画入门书开始面向"画画的读者"大量发行，在这本手制的绘画方法书中可以看到这些书籍的影响。从中也可以看出手冢是在那样的环境下，成了一名早熟的漫画少年。

图3 田河水泡:《〈黑野狗〉粉丝读者漫画大会》,《少年俱乐部》增刊号,1937年1月

图4 手冢治虫:《亚当森漫画自学指导》(私家版),《MANDARAKE ZENBU》46,2010年3月,MANDARAKE出版社

手冢版《翼赞一家》的可能性

我们再来验证一下手冢的以上证词。手冢说,《桃太郎》在昭和19年(1944)由大阪的书店发行的,那就是《翼赞一家》,并提及"大政翼赞会决定的主人公""爷爷、奶奶"这样的信息。而马场则回应说"那是拼图画啊",是指角色是由翼赞会管理的,由月形和圆形的图形拼接组合的面部设计。从这段对话可以看出,战时的手冢和马场都是能够正确理解《翼赞一家》做法的"素人"。

《翼赞一家》的相关出版物到昭和17年(1942)为止,可以确认到有木偶剧方面的手册,以及长谷川町子等人参加的《前进吧大和一家》等。假设手冢版《翼赞一家》是昭和 19 年（1944）发行的，那这就是最后一版的《翼赞一家》，而且这是东京以外继酒井七马版之后，出版社的第二个特例。根据木偶剧《翼赞一家》向地方渗透的事实，以及在与赤本系出版社相近的业者所经营的拍画和人偶等纸制玩具中，均可以看到与《翼赞一家》相关的题材，因此手冢版《翼赞一家》也不是没有可能在关西出版。事实上，酒井七马版就是昭和 16 年（1941）由大阪的爱国出版发行的。

另一方面，关于手冢在《全国贷本新闻》中所说的绘本，如果单行本《前进吧大和一家》等被认为是绘本的话，那也是很自然的。即使在出版用纸无法用于漫画出版的昭和 19 年（1944），在日本国会图书馆进行检索，也可以确认有过绘本的发行。昭和 19 年（1944）8 月发行的《出版弘报》40 号中也有"向农村特别配给连环画 / 日本出版配给株式会社"的报道，由此可知连环画的流通渠道一直是得以维持的。也就是说如果手冢版《翼赞一家》以绘本的形式出版，则很有可能在昭和 19 年（1944）发行。

比起这些，我更在意手冢证言中《翼赞一家》是"在各个地方都有各种各样的人在画"这一信息。在我找到的出版物中，除了酒井版单行本和报纸的地方版刊登的漫画以外，其他都是在东京发行的。手冢的证言甚至让我觉得，我可能忽略了《翼赞一家》在地方的发展。甚至可以说，昭和 16 年（1941），在关西发行的酒井七马版《翼赞一家》是可以印证"在各个地方都有各种各样的人在画"的材料。考虑到该证言的细节与事实的一致性时，手冢《翼赞一家》出道说的证言确有一定的可信度。

另外，关于以《翼赞一家》的角色画《桃太郎》的证言，考虑到昭和 19 年（1944）时宣传工作的主题也不足为奇。《桃太郎》

在近代以后被国民童话化，在教科书和唱歌等宣传中成为国民角色，这一点不言而喻。昭和 11 年（1936），日本动画《玩具箱系列第 3 话绘本 1936 年》描绘了米老鼠袭击南方，桃太郎前来应战的故事。即使仅就绘本来看，在 15 年战争下，每年都会出版几本《桃太郎》绘本。特别是昭和 14 年（1940）以后的出版情况很引人注目。昭和 17 年（1942）出版了 8 本，昭和 18 年（1943）3 本，昭和 19 年（1944）2 本，虽然没有发现以手冢治虫为作者的作品，但至少在昭和 19 年确实也发行了《桃太郎》绘本。

值得注意的是，从昭和 18 年到 19 年（1943—1944），也有对《桃太郎》进行多媒体展开的痕迹。濑尾光世的动画电影《桃太郎的海鹫》于昭和 18 年（1943）3 月上映，后一部作品《桃太郎·海之神兵》也在此期间开始制作。昭和 18 年（1943）这一年中，系列唱片《桃太郎音头》《桃太郎的鬼征伐（上）》和《桃太郎的鬼征伐（下）》由胜利唱片公司发行。前者是歌曲，后两者是朗读剧。此外严谷小波复刊了《桃太郎主义的教育新论》（文林堂双鱼房），而柳田国男的《桃太郎的诞生》也出版于此前的一年。虽然不能说柳田的书也是媒体组合的一环，但出版的时机应该并非偶然。第二年即昭和 19 年（1944）还发行了连环画《桃太郎》（相马泰三·泽令花、东亚国策画剧）。

基于这样的背景，关西的赤本出版趁此机会，将《翼赞一家》组合起来发行绘本也不足为奇。樱井哲夫在谈到这个问题时认为，很难想象当时只有十几岁的手冢治虫和翼赞会能有联系，对手冢《翼赞一家》出道说持否定态度。[1] 但是如果版权是由出版

---

1 樱井哲夫：《废墟的回响——战后漫画的原像》，平成 27 年（2015）3 月 27 日，NTT 出版。

图5 大和赞平，手冢治虫：《直到胜利之日》，《幽灵男/直到胜利之日 手冢治虫 过去未来图像展别册图录》，朝日新闻社，1995年8月3日

社跟翼赞会来处理的话，手冢并没有必要和翼赞会交涉，因为有"赤本"，所以也不能否认盗版存在的可能性。众所周知，昭和15年（1940）前后，酒井七马绘制了面向战场的慰问漫画。酒井版《翼赞一家》的出版也大致是这样一个流程，所以大阪的出版界确实具备出版《翼赞一家》的相关经验。

话虽如此，既然目前还未能发现手冢治虫的神秘出道作——绘本《翼赞一家》，那也就没有更多论述的余地了。

《直到胜利之日》中隐藏的角色

然而，并不是说手冢就没有画过《翼赞一家》的二次创作，与绘本《翼赞一家》不同，实际上手冢在昭和20年（1945）还画了《翼赞一家》的漫画。而且，是作为素人的二次创作。这个作品就是手冢于昭和20年（1945）画的习作《直到胜利之日》。（图5）这部《直到胜利之日》似乎具备作为《翼赞一家》的二次创作的特征。最能证明这一点的就是"翼赞一家"的角色在《直到胜利之日》中登场，而且作品的舞台也同样是在"町内"。

图6 大和三郎,手冢治虫:《直到胜利之日》,《幽灵男/直到胜利之日 手冢治虫 过去未来图像展别册图录》,朝日新闻社,1995年8月3日

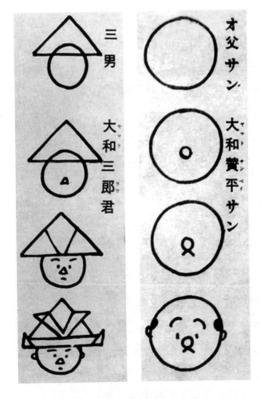

图7(左) "大和三郎"的画法,横山隆一:《翼赞一家》(1940年12月30日,朝日新闻社),与《每日新闻》1940年12月5日所载官方人物设定相同

图8(右) "大和赞平"的画法,横山隆一:《翼赞一家》(1940年12月30日,朝日新闻社),与《每日新闻》1940年12月5日所载官方人物设定相同

首先，关于登场人物。有《翼赞一家》中的大和赞平、大和三郎登场（图6）。关于大和三郎的形象，虽然这是战时儿童的一种典型化的表现，即圆寸头加国民服，但之所以可以断言这是三郎是因为它被画成了一个三角形，这忠实再现了三郎的官方设定，并且戴着纸制的头盔，这些完全遵循横山隆一版《翼赞一家》单行本封面背面所示的画法。（图7）三角形的鼻子和头戴纸兜是将三郎与其他很多圆寸头少年严格区别开来的图标。另外大和赞平也忠实于其人物设定和绘画方法。（图8）

这部《直到胜利之日》是以日、美角色总动员而闻名的作品。根据手冢在笔记中记载的预告，这是一套六部的作品，由"全漫画主人公总出演！"。其第一部是被称作"空袭篇"的作品，在平成7年（1995）《手冢治虫过去和未来的印象展别册图录》中被全页公开。这是一部将小福（图9）、悠闲老爹（图10）、推进爷爷（图11）、轰老师（图12）等日本漫画角色，和吉格斯和玛吉（图13）等美国角色一起"总动员"的作品，其中也夹杂着《翼赞一家》中大和家的人们。

在这部"空袭篇"的九格漫画中，手冢将一格漫画视为电影的一个镜头，突然在各格中使用了摄像机角度、走位尺寸和设定明快照明的电影手法，并且使用"米老鼠的模式"符号化描绘了角色被机枪扫射击中胸部，流下一缕鲜血，现实主义地展现了死亡。我们曾多次讨论过"空袭篇"是一部确立了手冢战后漫画方法论的作品，然而，在此加入《翼赞一家》的角色，到底有什么意义呢？我认为它不可能仅仅是为了在战时角色"总动员"中加入大和赞平、三郎而已。

《直到胜利之日》除了"空袭篇"以外，"六部曲"预告中现存只有"南方基地篇"的一些片段，剩下的四部作品尚未发

图9 小福,手冢治虫:《直到胜利之日》,《幽灵男/直到胜利之日 手冢治虫 过去未来图像展别册图录》,朝日新闻社,1995年8月3日

图10 悠闲老爹,手冢治虫:《直到胜利之日》,《幽灵男/直到胜利之日 手冢治虫 过去未来图像展别册图录》,朝日新闻社,1995年8月3日

图11 推进爷爷,手冢治虫:《直到胜利之日》,《幽灵男/直到胜利之日 手冢治虫 过去未来图像展别册图录》,朝日新闻社,1995年8月3日

图12 轰老师，手冢治虫：《直到胜利之日》，《幽灵男/直到胜利之日 手冢治虫 过去未来图像展别册图录》，朝日新闻社，1995年8月3日

图13 吉格斯和玛吉，手冢治虫：《直到胜利之日》，《幽灵男/直到胜利之日 手冢治虫 过去未来图像展别册图录》，朝日新闻社，1995年8月3日

现。据推测，全页公开的"空袭篇"是从昭和20年（1945）的3月20日到6月10日画完的。在这部"空袭篇"中也可以发现对《翼赞一家》角色的引用。

和手冢的其他习作一样，这部作品也是为了给老朋友们展示，而先画在了A5大小的大学笔记本上。"南方基地篇"是在漫画旧书店目录中偶然出现的片段，后来公开了其现存的8页。"南方基地篇"是属于《桃太郎·海之神兵》的二次创作，这从兔子角色（图14）的引用和剪辑本身的一致性（图15）中可以看出。由此可以确认，《桃太郎·海之神兵》对《直到胜利之日》产生了

图14 濑尾光世:《桃太郎·海之神兵》(松竹动画研究所,1945年公映),手冢治虫:《直到胜利之日·南方基地篇》(手冢Production监制《手冢治虫与角色的世界》,三荣书房,2013年)

图15 濑尾光世:《桃太郎·海之神兵》(松竹动画研究所,1945年公映),手冢治虫:《直到胜利之日·南方基地篇》(手冢Production监制《手冢治虫与角色的世界》,三荣书房,2013年)

影响。与预告的章节不同,现存的原稿有"空袭篇"和"南方基地篇"两篇,这也从侧面反映了《桃太郎·海之神兵》由内地和外地两部分构成。

然而,手冢在执笔《桃太郎·海之神兵》时受到的影响并不停留在二部构成和角色借用上。众所周知,手冢在日记中写下了昭和20年(1945)4月12日看了动画电影《桃太郎·海之神兵》,并在日记中论及该动画片多半采用了"文化电影的含义","与其说是漫画不如说是记录的一种"。可以看出,战争时期的手冢治虫觉察到了这部电影作为文化电影的特征。文化电影的特征,简单地说就是蒙太奇、摄影手段的多彩变化和记录电影的现实主义。这可以说是战争时期确立的现实主义美学。而习作《直到胜利之日》又是漫画・动画对于记录电影的现实主义、蒙太奇的运用。对登场人物的身体导入现实性的死亡，这一点也与《海之神兵》做了同样的尝试。也就是说，该作品统合了文化电影的要素和漫画、动画的要素。此外在"南方基地篇"中也有对《海之神兵》的明显引用，因此我一直猜想手冢是不是从《海之神兵》中接受了该作品的方法意识。

然而，与"南方基地篇"不同，在"空袭篇"中，手冢并没有以《海之神兵》作为其在情节和结构上的底本。"空袭篇"也并没有引用《海之神兵》。那么，"空袭篇"为何依然能够统合文化电影的现实主义和漫画角色的符号性呢？从日记中可以看出，手冢是从《海之神兵》中找到了统合两者的美学。《海之神兵》的美学没有体现在对其直接引用的"南方基地篇"中，反而是体现在了"空袭篇"中，意味着这一尝试并不只是一种单纯的借用。考虑到这一点，我认为有必要立足于《直到胜利之日》这两部同名电影，进行更深入的讨论。

《直到胜利之日》这两部电影

其中一部电影《直到胜利之日》是昭和19年（1944）3月上映的成濑巳喜男导演的喜剧电影，另一部是昭和18年（1943）12月由情报局监制的同名文化电影《直到胜利之日》，后者被誉为是"启发宣传电影"。

实际上围绕"直到胜利之日"这个关键词，同名的歌谣也在昭和20年（1945）1月由8位歌手相继演唱。也就是说，以"直到胜利之日"为关键词的多媒体展开，甚至给人一种战败前最后的

图16 《直到胜利之日》（1945）电影海报，日本国立映画档案所藏

国策媒体组合的印象。如果是这样的话，那么手冢版的《直到胜利之日》也可以说是作为"绘画的读者"自发参与该媒体组合的。从这一点也可以确认，手冢治虫也是当时被动员的"素人"之一。

然而，两部《直到胜利之日》的电影都未发现存留下来的胶片，只能从广告和报道等方面推测其概要。喜剧电影《直到胜利之日》是德川梦声、古川绿波、横山烟突、花菱Achako、榎本健一等当时日本主要的喜剧演员们集体参与的作品。清水昆绘制了这些喜剧演员的肖像画并制成了海报。（图16）手冢版《直到胜利之日·空袭篇》之所以是角色总动员，就是因为借鉴了喜剧电影《直到胜利之日》中喜剧演员总动员的想法。

当然，卡通人物的动员是战时国策宣传的定式。当时《小福》战时海报的动员可谓家喻户晓。今村太平在《战争与电影》

（昭和17年，即1942年）中也谈到了美国的战时宣传动员了迪士尼的角色，甚至还提及了动漫电影作为武器的必要性。

手冢在谈到自己创作的《直到胜利之日》时也说："这是一个由各种东西方漫画主人公共同演出的故事。仿佛是美国、英国的漫画角色与日本的漫画角色们战斗的一条大战线。也就是说我当时非常热衷于'一亿火球'这个思想。"[1] 从这一发言可以看出，手冢治虫是有意识地站在战时角色总动员这类作品的基础上进行创作的。

喜剧电影《直到胜利之日》的概要来自海军省恤兵部、新闻部指导制作的前线读物。慰问杂志《黑铁丛书》第二十三辑（昭和19年即1944年10月）以静物摄影加故事的形式，通过绘卷物语的风格介绍了"电影故事'直到胜利之日'"。

另外，从手冢治虫"空袭篇"中的一格（特别是博士拿着试管的这个姿势）（图17）和喜剧电影版剧照（图18）的酷似程度也可以推测，手冢确实是看过喜剧电影《直到胜利之日》的。在电影中，德川梦声饰演博士，博士的助手则由古川绿波和高峰秀子饰演。在手冢漫画版中，推进爷爷和田河水泡"人造人类"的机器人也被描绘成博士和助手搭档的形式。

但是，手冢版和喜剧电影版的《直到胜利之日》共同之处不仅仅是角色总动员这一想法和细节方面的一致，最重要的是最后一幕中"燃烧弹"倾泻而下的场面。（图19）

原本，喜剧电影《直到胜利之日》的故事主线是德川梦声饰演的博士发明了一种名为"笑慰弹"的炸弹。这是一种"慰问炸弹"，即"炸弹飞抵目的地后，哎呀呀不可思议！会从炸弹的白

1　手冢治虫・石子顺：《手冢治虫漫画的奥义》，平成4年（1992），讲谈社。

图17 手冢治虫:《直到胜利之日》,《幽灵男/直到胜利之日 手冢治虫 过去未来图像展别册图录》,朝日新闻社,1995年8月3日

图18 《电影物语"直到胜利之日"》,《黑铁丛书》第23编,黑铁会,1944年10月31日

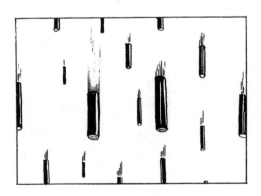

图19 手冢治虫:《直到胜利之日》,《幽灵男/直到胜利之日 手冢治虫 过去未来图像展别册图录》,朝日新闻社,1995年8月3日

烟里出现许多艺人，开始唱歌跳舞"。

如果向着南方前线发射的话就会爆炸而变成如上情况。

首先试着发射的是广泽虎造和川田义雄的慰问炸弹，并大获成功。

这次是岸井明，接着是榎本健一的炸弹。榎本健一正引吭高歌他最擅长的"猴子巡回之歌"时，突然烟雾里出现了派遣员横山烟突与花菱 Achako。

下一个发射的炸弹用力过猛，越过岛屿向大海飞去！其中出现的是高势实乘——

"老夫，这可受不了呀……"

（《电影故事"直到胜利之日"》，《黑铁丛书》第二十三辑，

昭和19年10月31日，黑铁会编）

从落在战场上的"笑慰弹"中，喜剧演员们一个接一个地出现，展示自己最拿手的一项绝技。从此前的报道中可以看出，在故事的最后，有"笑慰弹"向南方前线一起发射的场景。

另一方面，手冢版《直到胜利之日》的"空袭篇"的最后场景是"燃烧弹攻击"，也就是以燃烧弹的空袭为主题。相对于喜剧电影《直到胜利之日》，手冢版《直到胜利之日》中的燃烧弹场面就显得非常现实主义。

"燃烧弹攻击"所在章节的前半部分，借用了 Tank Tankuro 等卡通人物表现其"搞笑"。（图20）然而最后在燃烧弹落满街道的情景中，"真正的油脂燃烧弹攻击，是以四坪土地上落下一个的比例大量投射的"，配合着这样冷酷的解说词，手冢版《直到胜利之日》落下了帷幕。（图21）

图20 手冢治虫:《直到胜利之日》,《幽灵男/直到胜利之日 手冢治虫 过去未来图像展别册图录》,朝日新闻社,1995年8月3日

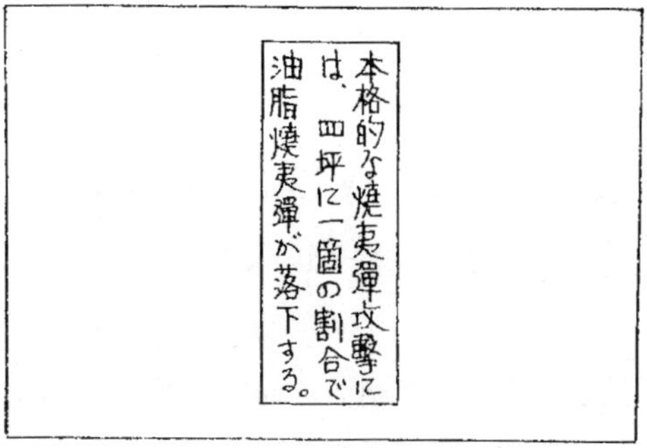

图21 手冢治虫:《直到胜利之日》,《幽灵男/直到胜利之日 手冢治虫 过去未来图像展别册图录》,朝日新闻社,1995年8月3日

像这样,手冢版《直到胜利之日》和喜剧电影《直到胜利之日》中燃烧弹的处理方式形成了鲜明的对比。这显然是手冢治虫对喜剧片《直到胜利之日》中"笑慰弹"描写的严肃批评。

在手冢治虫的自传中也有讲到,他是在包括燃烧弹攻击的大阪大空袭的背景下,绘制了《直到胜利之日》等习作。当然他的空袭体验也不可否认地反映在了"空袭篇"当中。然而《空袭篇》中这种燃烧弹描写的写实性,真的是从手冢实际的空袭体验中直接反映出来的吗?我们可以认为这单纯是手冢治虫基于亲身体验的战争批判吗?

说起战争时期的体验，我们往往会想到在前线战场上的战斗体验和在日本本土大后方的空袭体验等。但是正如至今为止所看到的那样，战争时期为了宣传而反复开展了各种多媒体活动。也就是说观看喜剧电影《直到胜利之日》也可以说是一种战时体验。我们不应该把媒体体验排除在战时体验之外，从这个意义上来说，另一部电影《直到胜利之日》，也就是文化电影版的存在，可以说是战时体验在手冢治虫"空袭篇"中的直接反映。

根据漫画来制作"文化电影"

手冢治虫《直到胜利之日》的预告之一中记载了"2月1日发行"，并配有大胡子大叔在类似工厂的地方挥舞木槌的画面。（图22）另外，文化电影版《直到胜利之日》的广告中写道："敌人造十万架，我们就造二十万架！如果生产落后，我方就会陷入困境！誓要增产，[这是]生产战士的气魄。"（图23）可见大胡子大叔原来描绘的是"生产战士"的形象。《电影旬报》杂志上关于文化电影《直到胜利之日》的介绍文中也有如下内容：

为了打赢这场仗，为了击溃敌人的反攻，造飞机！为此，我们要加快推进机床的大量生产。无论哪个工厂的男女工人们都充满了坚定的决心，昂首挺胸地工作，为了歼灭美英。

（《文化电影推介·直到胜利之日》，《电影旬报》一百号，昭和18年11月21日）

至少手冢治虫在预告"空袭篇"的时候，很有可能就在脑海中想着文化电影《直到胜利之日》。但在"空袭篇"中，工厂

图22 《直到胜利之日》预告,《手冢治虫·创作笔记与初期作品集》2010年,小学馆Creative

图23 文化电影《直到胜利之日》广告,《电影旬报》100号,1943年11月21日

图24 手冢治虫:《直到胜利之日》,《幽灵男/直到胜利之日 手冢治虫 过去未来图像展别册图录》,朝日新闻社,1995年8月3日

图25 手冢治虫:《直到胜利之日》,《幽灵男/直到胜利之日 手冢治虫 过去未来图像展别册图录》,朝日新闻社,1995年8月3日

的场景只有两页,大胡子大叔只是个喊空袭警报的龙套角色(图24),与作为"生产战士"的描写略有不同。

那么,"空袭篇"从文化电影《直到胜利之日》中没有得到什么实质性启发吗?其实也并非如此,"空袭篇"从《直到胜利之日》中引入的是文化电影本身的构成框架和言说方式。因此可以说,"空袭篇"是漫画版的"文化电影"。文化电影作为手冢治虫的一种战时媒体体验,构成了"空袭篇"的总体基调。

那么,它在哪些方面体现了文化电影的特征呢?第一,是它的构成。"空袭篇"每隔四到八页,分为"空袭警报""防空情报""避难!""机枪扫射"和"燃烧弹攻击"五个段落。然后,使用横长的一格,放入这些段落的标题。(图25)这其实是"文化电影"的一种表现形式,类似于由多个题材构成的新闻电影。

第二是故事模式,即非故事漫画的模式。战争时期,"文化电影"与"故事模式"的戏剧电影形成对比,被称为"非故事模式"。众所周知,手冢在战争即将结束前,曾绘制过很多后来成了战后故事漫画原型的习作群。但这里的《直到胜利之日》是例外的"非故事模式"的漫画。喜剧电影《直到胜利之日》中,德川梦声饰演的博士及其助手们可以算是主人公,制作慰问炸弹送往战地可以说是一条虚构的故事线。但"空袭篇"的开头是横山隆一《小福》里的角色,他的梦想是去轰炸美国本土,或者是松本胜治《核桃》里主人把救护用三角巾系在自己的狗身上的情节等,每个角色都轮番推进自己的场景。这一点与"电影中的喜剧演员们一个接一个地出现,展示自己最拿手的一项绝技"的想法很接近。

但是,"空袭篇"并不存在从头到尾贯穿整体的角色和连贯的故事线。与喜剧电影相一致的博士和助手的设定,也只有"防空信息"传到博士和助手所在的研究所这一个场景,他们的发明并不是情节的主轴。漫画中描绘的是从"空袭警报"开始,到"燃烧弹攻击"的空袭过程和与之相对的"避难"等防空活动。像这样缺乏故事性,而且每个起始场景都有自己的标题,其实这是"文化电影"的基本形式。

第三,是科学性构成的现实主义。文化电影是战争时期科学启蒙的工具,它也成了手冢治虫漫画中燃烧弹部分得以真实描绘的背景。近卫新体制主张将国民的日常生活科学化。因此,围绕防空和燃烧弹的这种"真实性"是由"文化电影"背后的科学启蒙所决定的。

渗透日常的"文化电影"

接下来我们就第三点的问题再深入探讨一下。"文化电影"是指为了准备科学战,面向国民进行科学启蒙的电影,昭和14年(1939)的电影法推进了其在影院上映。最初它指向主题更宽泛的教育启蒙片,后来逐渐转向启蒙大后方用以备战的内容,新闻电影也属于"纪录片"。由大型报社等新闻电影部门进行合并,再和其他的文化电影部门合并而成的日本电影社是文化电影宣传的中心机构。

文化电影《直到胜利之日》也是由日本电影社制作的。正如手冢治虫日记中所说,"新闻里一直持续报道","开始上演《海之神兵》了",新闻电影和文化电影在电影院里大量地涌入人们的视野。此外在学校、巡回电影以及例会等所有的场合中,文化电影都抓住机会大量上演。也就是说文化电影在战时人们的媒体体验中占据了很大的位置。

手冢治虫在"空袭篇"中参照的,与其说是文化电影《直到胜利之日》,不如说是他这一系列的"文化电影""新闻电影"的媒体体验。之所以可以这样推测是因为,比如说,昭和18年(1943)以后日本电影公司制作的纪录片的标题和"空袭篇"的内容相一致。虽然没有留下很多影像资料,但仅就以下纪录片的标题《活着的声音》(昭和18年即1943年8月)、《防空读本·救护篇》(昭和18年即1943年11月)、《发射敌人的燃烧弹·防空情报》(昭和20年即1945年1月)、《炸弹避难所》(昭和20年即1945年2月)、《什么样的敌机会来》(昭和20年即1945年5月),就能看出与"空袭篇"的主题完全重合。

整个《空袭篇》以"防空"为主题,从片名上也可以判断,小狗核桃的救护活动、处理燃烧弹和到防空洞(逃生处)避难等具体题材与一系列文化电影的主题都是共通的。

据说《活着的声音》这部文化电影的启蒙内容是"为了进一步巩固我们的战时生活,不断地对声音进行训练,培养优秀的、敏锐的听力"[1]。用耳朵捕捉轰炸机飞来时引擎声音的听音训练在

---

[1] 《文化电影介绍·活着的声音》,《电影旬报》91号,昭和18年8月。

战时的学校里盛行，市面上也发售了分辨战斗机声音训练用的唱片，电影大约就是以此为题材的。手冢版《直到胜利之日》中，用日语发音来回答爆炸声的场景也可以与这个听音训练相互对应。（图26）

手冢治虫的漫画里有少年角色从防空洞中露出脸来，用听觉和视觉分辨敌机的场景。在文化电影《什么样的敌机会来》中也涉及通过目视识别敌机的情况。这是因为当时国家制作了《敌机一览》指南，并以照片、详细数据和三面图的形式进行了介绍。（图28）手冢版《直到胜利之日》中少年就是这样的眼神，从正下方仰望战斗机正如电影和指南中识别敌机的视角。（图27）

以"燃烧弹"为题材的文化电影中，除了日本电影公司以外，还有理研科学电影公司制作的《燃烧弹》（昭和18年即1943年2月）和《燃烧弹轰炸》（昭和18年11月，图29）等。面向电影院的新闻电影《燃烧弹的威力》（昭和18年2月，日本新闻制作公司）报道了昭和18年2月在大阪实施的燃烧弹实验演习。在这部新闻电影中，旁白以冷淡的语气讲述了空袭的"量"："如果在正面二百米、深一千米的地区内，以三十平方米一发的密度投放的话"，等等。这种可谓科学性的旁白让人联想到手冢"空袭篇"最后画面中的解说。漫画中的空袭场面和房屋起火的场面也与这部新闻电影中的场景重合。

虽然不能说手冢直接借用了各个画面，但他很可能是参照了这些关于"燃烧弹"的文化电影，并从中获得了一些视觉体验。也就是说，手冢虽然亲身经历过空袭，但其在具体的漫画绘制中借用了战时纪录片的印象。这一时期，大阪已经在大空袭中变为焦土，在其中被烧毁的电影院里观看《海之神兵》，不管是B29的画像，还是燃烧弹攻击的场面，手冢大约都亲身体验过。

图26 手冢治虫:《直到胜利之日》,《幽灵男/直到胜利之日 手冢治虫 过去未来图像展别册图录》,朝日新闻社,1995年8月3日

图27 手冢治虫:《直到胜利之日》,《幽灵男/直到胜利之日 手冢治虫 过去未来图像展别册图录》,朝日新闻社,1995年8月3日

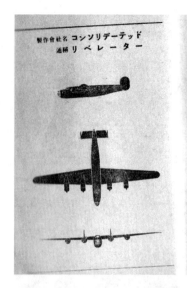
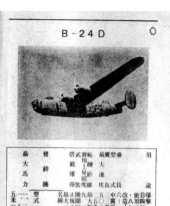

图28 《昭和19年版敌机一览》,读卖新闻社,1944年12月1日

图29 《国防科学电影 燃烧弹轰炸》广告,《电影旬报》100号,1943年11月21日

然而在漫画创作中他所引用的构图却是新闻电影和照片的构图，这也是源于作者的媒体体验。

也就是说，手冢也被裹挟在战时媒体空间所带来的表象和印象当中，并不自觉地将其表现出来。但与此同时，文化电影的性质得以引入手冢治虫的漫画之中，为"空袭篇"带来了与漫画角色总动员完全相反的现实主义观感。换句话说，手冢通过"文化电影"的视线，第一次获得了表现自己所处现实的方法。

战时艺术论的立场

像这样，手冢版《直到胜利之日·空袭篇》，一方面参照了作为角色总动员剧的喜剧电影《直到胜利之日》，另一方面参照了包括文化电影《直到胜利之日》在内的一系列文化电影和新闻电影作为媒体经验。因此"空袭篇"兼具了角色总动员的喜剧和根据漫画制作的防空文化电影的双重构造。此外值得注意的是，这两类电影都是战争时期的言说，即"文化电影"式言说和"喜剧电影"式言说这两种。

在战争时期，这种对立实际上就像已经讨论过的那样，在电影论上被认为是"故事模式"和"非故事模式"的对立。"故事模式"电影是延伸自歌舞伎、戏剧等的虚构性作品，古装剧和喜剧电影是此类代表。然而，电影理论家们批评说，这种源自旧表现形式的故事，不符合由"纪录电影"发展而成的新的电影样式及其美学。基于苏联的吉加·维尔托夫的"电影眼睛"理论所象征的前卫性和英国保罗·罗萨的纪录片运动的社会性，日本普罗电影同盟（Japana Prolet-Kino Unio）于昭和初期成立。因此"纪录片"在这个意义上是一种前卫艺术。即使将其作为文化电影国策化,"纪录电影"即"非故事模式"的电影也倾向于被视作更为优秀的一类。

手冢在日记中指出《海之神兵》是有"文化电影的内涵"、属于"纪录的一种"。基于这样的语境,他又惊愕地说道:"漫画被极度艺术化了。"手冢是与战时电影理论相适应的早熟的电影少年,这一点在这里不作深入探讨,但从《海之神兵》中可以看出,手冢理解了在"漫画电影"中导入"文化电影"的技法可以使"漫画的艺术化"成为可能。

迪士尼动画与以上类型不同,被看作美国主义生产的机械艺术。《海之神兵》可以说是尝试了将美国机械艺术的迪士尼风格与苏联爱森斯坦式纪录片以及蒙太奇风格相结合。手冢在漫画《直到胜利之日·空袭篇》中所做的事情,可以说不仅仅是文化电影《直到胜利之日》和喜剧电影《直到胜利之日》在方法上的整合,而更是迪士尼和爱森斯坦的整合,这一点至今为止已反复论及。

而且这样的尝试,是在战时的媒体空间中由早熟的电影漫画少年,同时也是"画漫画的读者"——手冢治虫才有可能完成的。可以说,让"笑慰弹"与现实主义对峙的不是单纯的空袭体验带来的愤怒,而更是这种方法意识。

同时,像这样在"空袭篇"中导入现实主义,也改变了作品的舞台,即作品中"世界"的状态。

手冢治虫的漫画尝试

那么,手冢的战时角色总动员漫画"空袭篇"中,其作品"世界"是什么样的呢?在该问题上,作品角色群中出现的翼赞一家的人物首次凸显出意义。在探讨手冢《直到胜利之日》时,

图30 大和三郎（左），手冢治虫：《直到胜利之日》，《幽灵男/直到胜利之日 手冢治虫 过去未来图像展别册图录》，朝日新闻社，1995年8月3日

重要的不是该作品引用了多种多样的角色，而是手冢在作品中描绘的"世界像"。

"空袭篇"的舞台是邻组或者说是町内。手冢在该时期其他习作中描绘的多为未来城市或遥远的星球等各种各样的冒险世界，只有"空袭篇"是例外，以町内的战时日常生活为舞台。但是作品中描绘的战时日常生活，与至今为止的《翼赞一家》又有所不同。《翼赞一家》中也描绘了防毒面具，也有以防空为题材的描写，但那些说到底都是演练。正如在第二章所看到的，《翼赞一家》的人物面对飞向重庆的轰炸机而激动不已，他们完全没有考虑过自己会遭遇空袭。作者和读者都自动将日本本土视为安全地带。

正如前文讨论的，"空袭篇"以空袭中的"防空"为贯穿始终的题材，而且邻组同时也是防空组织。此外，作品中描写了"防空"不再仅仅是演练，而是真实发生于昭和20年（1945）3月13日（大阪首次大空袭）及以后的现实事件。

空袭警报响起后人们开始避难，或加入救援队伍，孩子们当然也加入其中。大和三郎熟练迅速地参与救援（图30），同时指挥"防空"的是大和赞平（图31）。画面背景如新闻电影一般充满现实

图31 大和赞平，手冢治虫：《直到胜利之日》，《幽灵男/直到胜利之日 手冢治虫 过去未来图像展别册图录》，朝日新闻社，1995年8月3日

主义色彩。和以往的《翼赞一家》一样，"配给""间谍""工厂上班"等战时日常生活的用语也在台词中出现，但这里其实已不再是明快的战时日常生活的街道了。而这些描写，其实始终是邻组对防空问题的宣传启蒙。

像这样，既然将《翼赞一家》的角色分配到了邻组，就必须承认"空袭篇"依然属于《翼赞一家》的二次创作。如果手冢在前一年真的描绘了《翼赞一家》的话，当然也应该充分理解了角色和邻组之间的关系。因此，可以说"空袭篇"是战时最后的一部《翼赞一家》，那是通过"素人"手冢自发参加而绘制成的宣传启蒙漫画。如果手冢着意想要描绘邻组中的防空问题，那么选取翼赞一家所居住的街道，就是一种自然而然的选择。

然而，这里产生了一种必然结果。那就是该作品既作为漫画又作为文化电影而导致的矛盾。被动员的角色们重复着喜剧电影《直到胜利之日》中程式化的动作，但作为舞台的邻组却是一个现实化的世界。过去的防空手册中曾不负责任地写有："虽然不能断定，但各邻组要做好被击中一发的准备。"在这种硬生生被拽入现实的作品世界中，呈现出文化电影式现实主义的侵入。

也正因为如此，在空袭的场景中，大和赞平身后的背景转变为如文化电影、新闻电影一般的现实主义画面。像这样，漫画中的邻组和现实中的邻组之间会产生龃龉，漫画世界发生着向"每四坪落下一个油脂燃烧弹"的街道的转变。

该龃龉也体现在角色的身体上。蒙太奇手法作为文化电影美学被援引，在漫画中呈现了爆发式的应用。这就是我反复讨论的"空袭篇"的九格画面。(图32)最后，关于手冢版《直到胜利之日》，可以做出如下总结：

1. 将纪录电影的现实主义、蒙太奇（文化电影）和符号化的角色（漫画·动画）在技法上进行统合，这一实验性尝试的构思灵感来自《桃太郎·海之神兵》。

2. 将文化电影、喜剧电影两种对立的方法进行统合，作为文化电影漫画进行尝试的是手冢版《直到胜利之日》。

3. 该尝试作为遭受空袭之后的防灾漫画，以"大和一家居住的町内"为舞台。作品中除了大和一家以外，还动员了其他战时漫画角色作为邻组、町内的居民。该作品以邻组作为世界观，又有大和一家登场，因此虽然呈现了文化电影的内容，但作品本身依然属于《翼赞一家》的二次创作。

图32 手冢治虫：《直到胜利之日》，《幽灵男/直到胜利之日 手冢治虫 过去未来图像展别册图录》，朝日新闻社，1995年8月3日

此外，《直到胜利之日·空袭篇》描绘了奇迹般的九格画面，它呈现出两个特点。

第一是在漫画、动画角色中导入身体性。喜剧《直到胜利之日》讲述的是一个荒诞的故事——在炸弹里放入喜剧演员并将其投射到战地。这完全是非现实主义的故事模式。

像大城Noboru《火车旅行》这样的"文化电影"漫画是例外的存在。战时大多日本漫画并没有走出喜剧的藩篱，美国的漫画也是如此。这里所说的喜剧是指角色肉体的真实性问题。在"空袭篇"的开头，吉格斯和玛吉即使受到炸弹直击也毫发无损，这不仅是因为它发生在小福的梦中，更因为漫画中的角色是非现实的不死的身体，迪士尼的米老鼠也是如此。手冢在保留喜剧电影

218　　　　　　　　　　　　　　　　　　　　　战时日本的媒体组合

《直到胜利之日》中角色总动员的要素的同时,将其打造成了文化电影的模式,结果就导致了现实主义侵入到作品之中。

第二是"电影的手法",即将电影的一个镜头看作漫画的一个画面,考虑摄像角度、运镜、画面布局和光源等要素,将其像电影一样进行编辑,这是蒙太奇化的战后漫画手法。这也是漫画中对于文化电影性的导入和呈现。这两点在《空袭篇》后半部分的《机枪扫射》一章中,奇迹般地在九格中同时出现。

少年被米老鼠操纵的战斗机追赶,逃跑的样子用不同的摄像机位置描绘在九个画面之中。虽然没有背景,但是影子的形状发生了变化,光源的位置也是计算好的,再将这九格画面进行蒙太奇处理。而让·吕克·戈达尔大加赞美的希区柯克《西北偏北》中主人公被复叶机追赶的那组镜头则是很晚之后的事了。

而在最后的画面里,总动员角色之一的少年被炮弹击中,流血,倒下。被现实入侵的邻组和角色之间产生的对抗力量仿佛也由这个少年一人承受了,他获得了可以走向死亡的身体。在这里呈现出活生生的生与死,与手冢脑中业已萌生的新的"故事模式"相结合,同时又与"电影手法"相配套。这就是手冢战后的新故事模式漫画,即"故事漫画"。

这样,手冢在"空袭篇"中没有将空袭作为个人经验,而是通过文化电影式的描绘成就角色之"死",同时也成就了战后漫画的形式与主题。正是这种方法意识创造了战后漫画,而这种方法意识是在战时言说及媒体表现的动员之下,由作为"画漫画的读者"的手冢所创造的。

目前还不清楚手冢是否在昭和19年(1944)描绘了《翼赞一家·桃太郎》。然而可以肯定的是,在手冢治虫最后的《翼赞一家》二次创作中,战后漫画确实就这样诞生了。

附论

可东已之助的命运
抗战时期的编辑及其生活

抗战时期在上海发行的日语综合杂志《大陆》的目录中，可东已之助与井伏鳟二等人的名字赫然在列。这本名叫《大陆》的杂志与改造社发行的同名杂志不同，是殖民地的日语杂志。在这本杂志中有一篇题为《漫画宣传苦话》的小文，描写了漫画家被迫从事政治宣传的情景，充满了诙谐与戏谑。

该杂志卷首的文章仍未对时局灰心，还有些文学家的文章似乎都没有受到战争的影响，像是脱离了现实世界。可东已之助的小文与该杂志的其他文章相比，显得格格不入，他在文章中反省了自己在侵华战争时期在中国从事过"宣传员"这一工作。

由于这篇文章发表于昭和20年（1945）5月号上，从事宣传和新闻工作的可东一定已经了解到国家正处于战败的边缘。正因如此，这篇根据他自己的经历写成的文章，就更能反映当时宣传政策的无力。戏谑本是漫画家批评别人的方法，如果这种方法用在自己身上则是一种反省。

换句话说，在战争失败之前，漫画家可东已经开始反省自己在战争期间的生活。这种自我批判似乎也导致了他在日本战败后与妻子和五个孩子中的两个幼子一起自杀。

可东的长子加藤康一是早期综艺节目的记者，也是"革新自由联盟"的幕后成员之一。"革新自由联盟"是一个无党派政党，从田原总一朗到手冢治虫，许多"自由派"文化人士都曾参与其中。据说可东在给儿子的遗书中写道:"我对即将迎来战败的日本和日本人民感到绝望。"[1] 这可能导致人们误解为可东看到时局已定,认为战败会使日本失去传统,因而感到绝望,但事实并非如此。

无论如何,可东都经历了战争年代[2]媒体艺术的全盛期。我认为时下的媒体艺术和"御宅族"文化的起源并非传统或后现代主义的产物,而是战时宣传的结果。当然这绝不等同于我赞同日本在战争期间的所作所为。

尽管如此,我认为探讨战时媒体艺术的方法和美学与现在的关联依然具有一定意义。因为在第二届近卫内阁期间,复古派倡导"改革",并把翼赞体制变成了国民运动,而如今,类似的弱化版和变异版仍在不断上演。

媒体艺术作为一种战时政治宣传技巧,具体究竟是如何与现在相联系的呢?笔者所编的《"动员的媒体组合"》一书可供参考。[3] 战时体制下早熟的电影少年手冢治虫将战时的电影理论和美学带入战后,构建了"战后漫画"。真善美社的实际所有者德间康快在战败后迅速复刊了战时动画评论家今村太平的《漫画电影论》。这些成了高畑勋或者吉卜力工作室的理论支柱之一,使得众所周知的战时对外政治宣传媒体"FRONT"成为奠定战后广告及前卫摄影领域的基础,类似的个案不胜枚举。

许多人已经忘记了"营造气氛"是一个战时宣传术语。如

---

1 加藤康一:《岳史,只要还有生命》(日语原题:『岳史よ、生命があるかぎり』),讲谈社,1990年。
2 这里所说的"战争年代"指的是1931年"九一八"事变至1945年日本无条件投降的十四年抗战时期,日本称之为"十五年战争"。
3 大塚英志编:《"动员的媒体组合"——"创作大众"的战时与战后》(日语原题:『〈動員のメディアミックス〉——〈創作する大衆〉の戦時下・戦後』)(思文阁,2017年)。

今通过"气氛"诱导公众舆论技巧的基础,也是在那个时代创造的。冒着被误解的风险,笔者想陈述以下观点:媒体艺术和宣传技巧在战时取得了巨大的文化成就。笔者不在这篇补充文章中详述,但战后能够延续战时的一些成果,是因为战时的媒体技巧和理论随着人这一载体,不断流传至今。

藤田嗣治等人曾在西洋画中描绘兵器的美学(所谓的藤田风格)。而后藤田一人承担了所有的责任,离开了画坛远走他乡。但其追随者在战后的少年杂志的封面画和塑料模型中不断延续着这种风格,它同时也体现在了吉卜力作品中战斗机的笔调中。可东如果想在战后继续生存下去,他也拥有可以用来维持生计的媒体技巧与才能,但是他却选择了自杀。这些在战后拒绝苟活于世的战时媒体技术人员中,笔者最关心的是可东己之助。

被遗忘的可东己之助

即便如此,也几乎没有人知道可东的姓名。比较少见的例外是,赵梦云的学术论文中有几篇详细追踪了可东在上海时的活动。[1] 此外,《大陆》原本是在上海发行的日语报刊《大陆新报》的衍生杂志,木田隆文以其报道为线索,对可东结成的国际漫画

---

[1] 赵梦云:《可东己之助与战时上海——以〈大陆新报〉时期的漫画·漫话为中心》(日语原题:「可東みの助と戦時上海——『大陸新報』時代の漫画·漫話を中心に」)(《中国文化研究》Vol.125,2009年);赵梦云:《〈大陆新报〉所刊可东己之助的作品一览》(日语原题:「『大陸新報』に掲載された可東みの助作品一覧」)(《中国文化研究》Vol.126,2010年);赵梦云:《苦闷与期待交错之间——"留用者"可东己之助的战后》(日语原题:「苦悶と期待が交錯するなか——『留用者』可東みの助の戦後」)(《中国文化研究》Vol.132,2016年)。

集团"上海漫画家俱乐部"也进行过详细的考证。[1]

关于可东其人,有加藤康一采访其亲属后整理出的回忆录——《回忆己之助》[2],但这些都存在于普通读者很难看到的学术论文或私家版图书中。可东的名字之所以被淡忘是因为他只生活在战争时期,在战后就自杀了。那些在战后仍选择生存下去的人,往往对战争和他们的过去缄口不言。因此像可东这样无法为自己说话的死者也渐渐地被历史遗忘了。尽管如此,我还是很幸运能够通过上述赵梦云的论文和回忆录向读者介绍可东的生平。

可东己之助原名加藤己之助。他于1947年去世,享年44岁。由此可以倒推出他出生于1903年,但目前还无法确认他的准确出生日期。"可东己之助"虽然是笔名,但在《大陆》的目录和杂志版面上,有时也被写成"河东己之助",有时也会以"加藤己之助"的形式出现。原本的"河"字因为排版错误漏掉"氵"变成了"可"字,据说本人也觉得有趣,就沿用了这一笔名——他似乎并不拘泥于名字的形式。因此,"可东"不止一个笔名,他的一位亲属在回忆录中这样写道:

己之助脑子转得很快。虽然他作为电影漫画家而闻名,但他几乎做了一切与杂志制作有关的工作。可以很快写完惊险小说之类的东西,他还会立即为其画好插图。如果写的是历史小说,他甚至可以成为名家的代笔。

---

[1] 木田隆文:《上海漫画家俱乐部及其周边——以〈大陆新报〉报道文章为线索》(日语原题:「上海漫画家クラブとその周辺——『大陸新報』掲載記事を手掛かりに」)(高纲博文、石川照子、竹松良明、大桥毅彦编《战时上海的媒体:以文化政治学为视角》,研文出版,2016年)。

[2] 可东己之助祭日发起人会:《回忆己之助》(日语原题:『みの助の思い出』),私家版,1959年。

醉酒的己之助常常模仿戏剧的台词，自我介绍说："我出生在下总乡下，我的真名是加藤己之助……"他能说会干，十分活跃。

对于有关演员的电影漫画，他使用"己之助"这个名字。但作为编辑，他总是使用"加藤康一"这个和他的长子相同的名字。而对于电影漫画以外的漫画，他一般署名"黑田一平二"。（省略）

他写惊悚小说时笔名是"城宝荣"。关于这名字的来历，他当时说了许多，现在我却怎么也想不起来了。[1]

实际上，从这短短的一节中可以窥知他到上海以前的面貌。也就是说，可东己之助不仅是漫画家，还兼具杂志编辑、作家的身份。作为编辑时，则用加藤康一的名义撰写评论和报道。

同样根据这一段描述，可东"可以很快写完惊险小说之类的东西，他还会立即为其画好插图"，写历史小说和"名家代笔"等"几乎做了一切与杂志制作有关的工作"。这里笔者对可东的关心并不带有批判性，而是产生了同理心，因为他对杂志相关的一系列工作无所不为的作风与笔者是一样的。

昔日在电影业工作的美好时光

可东有一个笔名是"黑田一平二"，那实际上是衣笠贞之助《疯狂的一页》的谐音。[2] 这是一部由川端康成编剧的前卫电影，

---

[1] 前注《回忆己之助》收录文章：高田俊郎《两副面孔与五个名字——遗憾的男人·可东己之助》（日语原题：「二つの顔と五つの名前——惜しい男・みの助のこと」）。
[2] 《疯狂的一页》日语原文为『狂った一頁』（音：KURUTTAIPPEIJI），"黑田一平二"音为"KUROTAIPPEIJI"。——译者注

图1 加藤己之助:《演艺漫画的描绘方法 走出电影院吧漫画家》,日本漫画会编:《漫画讲座》第三卷,1934年

于大正15年(1926)上映,它证明了可东一开始生活在一个可以接受戏谑的时代。也就是说,在大正时代(1912—1926)末期,作为落魄画家的前卫男孩可东,在出入摄影棚的过程中成了电影杂志 Kinema 的编辑,并在该杂志上发表电影明星的讽刺画和"电影漫画",大受欢迎。(图1)

在《回忆己之助》一书中,有许多可东在昭和初期与电影演员的合影,其中包括与片冈千惠藏的合影。(图2)关东大地震后,关东地区的制片厂恢复速度缓慢,而在被称为"日本好莱坞"的京都聚集了许多制片厂,书中还有许多关于可东访问京都的逸事。"过去的黄金年代"这个词太老套了,但可东所在的那个时

图2 可东己之助祭日发起人会：《纪念己之助》（私家版，1958年）

代，国家还没有发现可以把电影当作政治宣传工具。

可东的专长是"电影漫画"，所谓"电影漫画"就是以电影演员为题材的讽刺漫画。这种"电影漫画"在昭和初期就在一定程度上被视作一种漫画类型。关于这一点，可东在其文章《Cinema 漫画家教你画电影漫画》中有所提及。该文章发表在昭和8年（1933）起开始刊行的系列漫画入门书《漫画讲座》（计划发行六卷）的第三卷上。其中可东（该书以"加藤己之助"的笔名写成）在文章中称，这是关于演员采访法的指南。

因此和对方见面的时候，要正坐，表现出足够的从容，要先发制人，提出一个奇怪的问题，让对方感到意外。

或是直接向对方提出你最想问的问题，并尽量提出最不合理的要求。

如果对方没有生气,那就已经占了上风,接下来安心采访就可以了。

从理想的角度来说,就是在采访之前,需要事先调查对方的性格、兴趣、生平、习性等,然后根据这些信息接连不断地提出各种稀奇古怪的问题。[1]

有趣的是,他把自己的采访方法描述为:在采访前仔细研究对方的作品和个人生平,然后提出无理的要求,从而引出对方的"真面目"。可东在"电影漫画"中发现的有趣之处在于电影这种虚幻背后的另一面。

因此有些"电影漫画"也作为电影特技的投影而保存了下来。(图3)画这些漫画绝非为了暴露电影或演员的缺陷,这或许也是可东受人喜爱的原因。可东的"电影漫画"是在一种将虚实结合视为电影本身魅力的时代才有可能存在的艺术。

然而,随之而来的却是一个不再承认电影中有"虚"的时代,虽然有些夸张,但几乎就是如此,这彻底改变了可东的命运。可东以"电影漫画"为出发点,以"己之助"的笔名创作了政治漫画等其他类型的漫画,还开创了"佛都朝圣漫画"之类的领域。可东和同时代的其他漫画家在当时就经常将现在所谓的"亚文化"灵感付诸实践。这些人当中最著名的是在艺术展上扔了一块石头,然后跑回家并称其为"艺术"的田河水泡和大正新兴艺术运动的主要成员之一高见泽路直。

---

1 加藤己之助:《Cinema 漫画家教你画电影漫画》(日语原题:「演芸漫画の描き方 シネマ漫画家出でよ」),日本漫画会编《漫画讲座》第三卷,建设社,1934年。

图3 加藤己之助：《演艺漫画的描绘方法 走出电影院吧漫画家》，日本漫画会编：《漫画讲座》第三卷，1934年

昭和13年（1935）3月17日，可东以"己之助"的名义和安本亮一、小野佐世男、铃木利三三人联名在《朝日新闻》上发表了一篇合作作品。所谓合作是当时被称为漫画集团的漫画家小组的一种创作风格，加藤悦郎参加的就是可东所属的小组。

但是电影界的国策化浪潮已经逼近可东。从昭和5年（1930）、6年（1931）开始，"文化电影"一词在电影杂志上随处可见。这个名字最初是为德国乌发电影公司（Universum Film）制作的教育电影Kulrurfilm而命名的，有纳粹宣传片风格。而且，文化电影和保罗·罗萨的纪录片以及日本普罗电影同盟等左翼纪录片电影运动并行,在侵华战争的背景下,与国策化奇妙地结合在了一起。

正如战时动画理论家今村太平同时也是专门研究纪录片和文化电影的评论家一样,"电影漫画"和纪录片、文化电影是战争期间具有代表性的高端艺术领域。统合两个元素的动画片如手冢治虫在战时创作的《桃太郎·海之神兵》中,也有许多记录电影和文化电影的现实主义的影像,正如迪士尼的《白雪公主》中广泛使用了多平面摄影技术一样,针对战时电影与动画的"虚","现实主义"要求在表达中占有一席之地。

这是因为即将到来的是科学战,国策要求有必要将国民"用科学武装起来",因此"文化电影"被积极采纳为启蒙国民的工具。在中野重治后来的一部名为《空想家与剧作》的小说中,主人公被迫为一部名为《直到成书》的无趣的电影写剧本。这部作品中所说的剧本写作,实际上就是指所谓的"文化电影"。

战时,可东以编辑"加藤康一"的名义发表的、在日本国内能够考证到的作品之一是《电影法与文化电影座谈会》(《文化电影》,昭和14年即1939年2月号)。在东京漫画记者会(即记者俱乐部)以及主要电影杂志编辑的座谈会上,可东以《电影信息》编辑加藤康一的身份出席。正如标题所示,该策划是基于1939年电影法中关于文化电影"强制上映"的要求而制定的。今村太平提出这样一种论调:与故事片(即剧情片)相比,非故事片(即纪录电影)更具艺术水平。面向儿童出版的书籍被要求限制"假作",即一直以来的虚构作品受到了限制,"科学"打着"文化电影"的旗号入侵的时代到来了。

这里需要指出的是,在战争时期,特别是侵华战争开始后,电影界人士的座谈会变成了以业内人士代表民意积极参与国策宣传,并将国策宣传策划向业界传达的平台。其中,诗人小熊秀雄(战时的身份是漫画作者旭太郎)作为内务省的工作人员参与漫画绘本出版业界的座谈会,封杀了业界的不同意见。反过来,今村太平则积极拉拢日本海军为其动画制作提供支持。诸如此类,业内人士参与座谈会的方式多种多样。电影法将包括导演和演员在内的所有电影工作者都纳入了管辖范围内,使其具有职业资格,但在这样的时代,可东是难以生存的。可东参加的座谈会本是一个让电影杂志相关人士自觉对国策表忠心的会议,但参加者却人人面露难色,令人印象深刻。

离开日本来到上海

在这一时期虽然没有确切的线索能够表明可东的思想,但是据他的亲属回忆,他曾喝得烂醉如泥,"在大街上大喊共产主义万岁",但被逮捕后立即释放,笔录上写着"没有任何思想背景"。然而,可东参加座谈会之后的第二年即昭和15年(1940),大政翼赞会成立,漫画家们的"漫画集团"也按照国策进行了重组。可东于当年7月左右前往上海。与他渊源颇深的杂志《电影情报》于同年7月号上刊有如下内容[1]:

你现在是不是已与匪贼共鸣,成了他们的同伙?己之助啊,请让风给我带来你的消息! 三之助[2]

1　前注《回忆己之助》收录文章:高田俊郎《两副面孔与五个名字——遗憾的男人·可东己之助》(日语原题:「二つの顔と五つの名前——惜しい男·みの助のこと」)。
2　前注《回忆己之助》收录文章:《编辑后记》(《映画情报》,1940年,映画情报社)。

这是看似漫不经心的一句话，但值得注意的是，无论是前卫艺术家高见泽路直，还是已经转型成为漫画家的田河水泡，战时的漫画家们都在努力地成全"漫画家"这一公众形象。

按照战时国策，在编辑兼作者小熊秀雄的监督下，一些漫画家被要求创作有关伪满铁矿资源的政治宣传漫画。漫画家们认为即便找全了资料也无法轻易完成，根本没有灵感。比如大城登画了十几页只有漫画界内部才能明白的内容来进行抵抗，这在某种意义上是一种批判行为。真正的漫画家本来就是有批判性的一面的，因此这样的表达方式本身也表现出他们与国策之间保持着一些距离。

表面上看，可东似乎是逃离了国策淫威下的日本电影界，飘飘而至上海，但上海实际上也是一个用漫画进行国策宣传和文化工作的阵地。在这里，可东甚至曾身穿军装，之后我们也会说到，可东因其聪明才智而被派到了国策宣传的"前线"。

实际上，可东去上海的动机并不明朗，有一种说法是《朝日画报》曾从中斡旋。木田隆文指出，可东来到上海后，由他组建的"大陆漫画集团"的主要成员，包括可东自己的小组在内，都是《朝日画报》的主笔。[1] 而《大陆新报》是朝日新闻社旗下的报纸，《朝日画报》及《朝日新闻》也在昭和 15 年（1940）底积极推进漫画的国策化，发挥了核心作用，其中就包括漫画集团"新日本漫画家协会"的改组，及大政翼赞会推行的《翼赞一家》的媒体组合。考虑到以上来龙去脉，大概也能推测出可东己之助当

---

1 木田隆文：《上海漫画家俱乐部及其周边——以〈大陆新报〉报道文章为线索》（日语原题：「上海漫画家クラブとその周辺——『大陸新報』掲載記事を手掛かりに」），高纲博文、石川照子、竹松良明、大桥毅彦编：《战时上海的媒体：以文化政治学为视角》，研文出版，2016 年。

时所处的环境了。

有几位学者指出，日本占领下的上海，仅主要的漫画杂志就有近20种，曾掀起过漫画热潮。同时代的日本漫画也曾与之类似，社会主义倾向强烈，同时也有描写"抗日"的主题。[1]

万氏兄弟昭和16年（1941）制作的《铁扇公主》，从中国的立场来看是抗日电影，从日本的立场来看是"五族协和"电影，具有双重性。当初之所以在上海制作第一部亚洲动画长片，是因为当时同步出现了《白雪公主》。从片名就可以看出，《铁扇公主》是为了打造中国版的《白雪公主》而制作的。

当时，上海被认为是亚洲漫画动画的中心。另外，当时今村太平向海军介绍了日军即将进攻的"共荣圈"各城市的电影院正在上映迪士尼电影的事情，并提议军队也应该观看。今村太平认为现代战争也可谓一种宣传战，并在该时期恐吓日本海军称，日本没有迪士尼这种宣传武器的话，很可能会战败。

日本期待着将动画和漫画都打造成宣传战的工具，因此《大陆新报》自然也聘请了可东己之助来担任要职。我们清晰地看到，可东在报社主导下被卷入了国策宣传的大潮。先行研究所指出，可东的名字出现在《大陆新报》昭和15年（1940）6月2日晚报的一篇公告（并非报道文章）《"大陆漫画集团"成立》中。（图4）由此可见，该集团的成立是由报社主导的。

《大陆新报》得知可东来到上海后，组建了七人的"大陆漫画集团"。这类漫画集团以共同绘制或共享角色的竞赛形式将作品刊发在报纸上。以团体为单位占据报纸版面的利益，也是出

---

[1] 井上薰：《下流杂乱的上海漫画界——赤裸男女的交叉点》（日语原题：「『猥雑なる』上海漫画界——赤裸々な男と女の交差点」），《上海摩登》，勉诚出版，2004年。

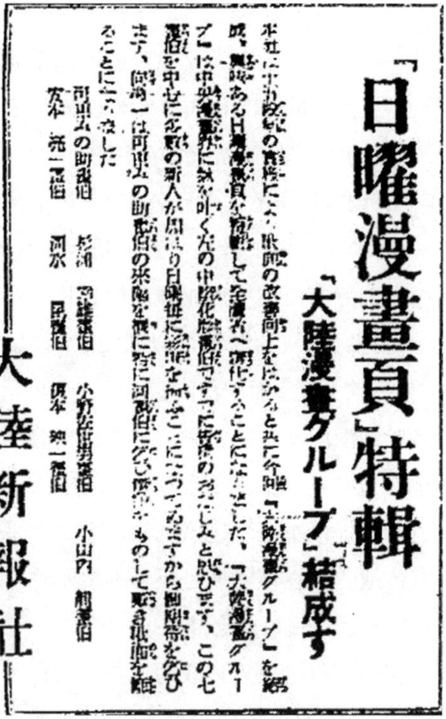

「日曜漫畫頁」特輯

「大陸漫畫グループ」結成す

大陸新報社

图4 《"大陆漫画集团"成立》公告，《大陆新报》，1940年6月2日

于经营方面的考量。[1]"内地"的报纸版面因为已被之前的团体占据利益，新的团体或是更小的团体就需要寻找"外地"的媒体资源。

在中国台湾等地，田河水泡等人的团体登载了共享角色的连载漫画。那么"大陆漫画集团"的情况如何呢？在《大陆新报》

1 冈本一平:《漫画家如何崭露头角》(日语原题:「漫画家が売り出すまで」)，日本漫画会编《漫画讲座》第三卷，建设社，1934年。文中将组建"集团"视作新人漫画家崭露头角的一种方法。

的主导下,该团体自然也呈现出抢占未被"内地"霸占的殖民地版面资源的意图。昭和15年(1940)8月3日,新日本漫画家协会统合了五个漫画集团正式成立,可东正是在该时期前往了上海。由于日本国内的漫画集团合并,可东当初所属的团体,其成员都以个人名义加入了新日本漫画家协会。可东的名字没有记载在成立仪式的致辞名单中,但作为当天加入的新会员,其姓名出现在了新日本漫画家协会的议事录上。[1] 9月13日,新日本漫画家协会举行了座谈会,欢迎包括可东在内的三位新成员的加入。

协会会报中介绍可东为"在上海海军武官府供职",另外两人分别是清水昆和益子Shideo,都在"辽东的军队报道部效力"。会报中还提到,"今后所有与大陆有交流的地方,都要有更多漫画家们积极活跃的身影"。[2] 此时会报的发行人是与可东属同一团体的加藤悦郎。这篇报道恐怕就是加藤写的。由此可见,新日本漫画家协会对刚到上海的可东充满期待。

漫画家协会内部的路线冲突

在笔者再次翻阅材料时,发现以可东为中心在上海结成的"大陆漫画集团"中不仅包括与可东关系密切的人,还包括主导新日本漫画家协会的新漫画派集团的三名成员:小佐内隆、清水昆和杉浦幸男。换句话说,可东在新日本漫画家协会中有可能成为日本国内漫画集团争夺大陆版面资源的一枚棋子。

---

1 小川武笔记:《No.226 战争爆发前的漫画界★昭和15(1940)→18(1943)》,埼玉市立漫画会馆收藏。
2 《新日本漫画家协会会报》,新日本漫画家协会,1940年。

协会才刚成立不久，就匆忙地聘请了与大陆有联系的可东等人。由此可见协会在"利益"与"国策"的积极合作方面，对可东等人寄予了期望。之所以表述为"利益"和"国策"，是因为新日本漫画家协会在翼赞体制下，分成了保护会员既得利益的消极翼赞派和以加藤悦郎为首的激进派，两派之间存在内部路线冲突。加藤悦郎早在当年12月就离开了协会，与安本良一、岸文夫、深谷亮等人组成了建设漫画会。

两者的对立可以说是主流派的"荒唐漫画"和反主流派的社会政治讽刺漫画的路线对立。[1]但在我看来，两者对"国策"的态度存在差异。铃木麻记指出，加藤一派参加了全日本无产阶级艺术联盟，并再次指出他们属于无产阶级艺术运动。加藤一派与非政治性的主流势力相比，原本就具有很强的马克思主义倾向。[2]

而在翼赞体制下积极转向并与翼赞体制合流的，却又是加藤悦郎这样从事普罗艺术运动的艺术家们。虽然加藤一派或许存在顺应时局、趋炎附势的一面，但后来加藤等人积极支持劳动青年的漫画团体，并为他们出版漫画技巧书和作品集，使得无产阶级艺术运动的理念在近卫新体制的协同主义中得到了恢复。在这个意义上，加藤的运动很彻底。他根植于业余人士即劳动者之中来进行艺术的传播和启蒙，这也是无产阶级艺术运动的一个特点。在从大正新艺术运动转向无产阶级艺术运动的过程中，像村山知义在昭和初期即1931年至1937年间参加的无产阶级戏剧联盟的

1　井上祐子：《战时的漫画——新体制期以后的漫画与漫画家团体》（日语原题：「戦時下の漫画——新体制期以降の漫画と漫画家団体」），《立命馆大学人文科学研究所纪要》81，2002年。
2　铃木麻记：《从"漫画界"构想到战争协力——以大正·昭和时期的漫画家集团活动为中心》（日语原题：「『漫画界』構想から戦争協力へ——大正・昭和期の漫画家集団の活動を中心に」），东京大学大学院学际情报学府修士学位论文，2014年。

活动也能很明显地体现这一点。

　　这一时期，村山的宣传剧的目的不只是让工人和农民观看并开展启蒙，更重要的是引导他们自己组成戏剧社团并进行演出。因此比起其艺术性，戏剧的结构被有意设计成了容易模仿的形式。[1]村山翻译的皮斯卡托的《左翼剧场》中就有"无产者素人剧"这一项。[2]在翼赞体制下，这种本来用于动员劳动者参与表现自身的左派手法也被利用起来了。

　　翼赞体制下所谓"动员"特征的关键词之一是"素人"。讲到这里多少有点跑题，但最终也与可东在上海的选择有关，所以笔者在此也作简单的阐述。当代其实也在进行面向"业余绘画者的动员"。通过动员业余"素人"的参与，鼓励其作为政治宣传的发起者，而不是被动的接受者参与其中，这种左翼的手法反而成了翼赞体制的手法。例如，翼赞会宣传部出版了"素人也能表演的移动戏剧剧本"系列；除了剧本之外，还有一些详细介绍舞台表现手法和演出情况的手册（图5）。

　　漫画中对素人的动员，体现在翼赞会和新日本漫画家协会联手打造的战时媒体组合《翼赞一家》上。该作品以素人的参与为前提，作品的形态比较简单化，这种理念和村山知义的宣传剧的简单化倾向是相通的。无产阶级艺术运动的理念之所以与翼赞体制之间具有整合性，就在于这种通过"前卫"对"劳动者"艺术本身的动员，并为此向"素人"敞开表达的渠道。加藤的路线也是如此。新日本漫画家协会内部的路线对立，最终可以归纳为上

1　中野正昭：《从创造到共有——村山知义与普罗歌舞剧》（日语原题：「創造から共有へ——村山知義とプロレタリア・レヴュー」），岩本宪儿编：《村山知義 戏剧的尖端》，森话社，2012年。

2　村山知义译、欧文·皮斯卡托（Erwin Piscator）著：《左翼剧场》，中央公论社，1931年。

图5 大政翼赞会宣传部编·金子洋文：《素人也能表演的移动戏剧剧本·白梅记》，翼赞和书刊行会，1942年

述内容。

昭和17年（1942）9月7日，有记录显示可东曾被"除名"。[1]为了更好地理解可东在上海等地的活动，笔者对新日本漫画家协会内部的路线对立的具体情况稍加说明。

可东当初组建的大陆漫画集团的合作创作，主要是在一个名为"周日漫画"的栏目中同时刊载数幅讽刺画（图6），但这些漫画并不都是根据同一主题统一创作的。事实上，可东独自一人从一个固定角度绘制的几期栏目比合作的栏目有趣得多。（图7）这是因为，与其他身处"内地"并以刻板方式描绘"外地"的成员相比，可东的优势在于他身处上海，亲身体验了那里的生活，这

---

[1] 小川武笔记《No.226 战争爆发前的漫画界★昭和15（1940）→18（1943）》，埼玉市立漫画会馆收藏。

图6 《周日漫画》刊载的讽刺画，《大陆新报》，1940年6月16日

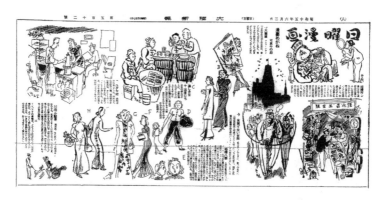

图7 《周日漫画》栏目，《大陆新报》，1940年6月2日

正是可东着意表达的。

新日本漫画家协会内部的对立，导致了激进派加藤悦郎的离开。昭和16年（1941）3月左右，大陆漫画集团也逐渐淡出了报纸。另一方面，可东不仅自己负责《周日漫画》栏目，还用几种不同风格的漫画来充实报纸版面，包括讽刺漫画、图文并茂的漫画漫文以及他原本就擅长的电影漫画。

亲身感受在沪生活

那么此时可东的立场是什么？在他刚刚到达上海后的日记中，可以找到线索。

8月1日

不想了解年轻的中国，而只痴迷于古老的中国，并以与中国的老人和富人交往为荣，这就是所谓的中国通的通病。

他们谈论中国，就谈起喝酒、女人、赌博和鸦片，认为不了解这些就不能谈论中国。他们不会从世界历史和经济史的角度来剖析中国，只是谈论中国的表面，沉浸在表面的乐趣中。（省略）

在这方面，内山完造的书是可以理解的，因为他站在一个平民的立场上谈论中国，并以一个平民的立场负责任地写作。[1]

这时，可东毫不掩饰他对日本文化界人士中盛行的典型"中国通"的厌恶。可东还称赞内山书店的内山完造不是"上了年纪的中国有钱人"的叙述者，而是从"中国平民"的角度叙述。内山书店在战争期间，成为上海的日本文学和思想传播的平台。

根据秦刚的研究，从在"内地"被禁止的社会主义书籍到战时国策前卫理论家城垣鹰穗的新著，都通过内山书店实时流传到了"外地"。[2] 这里提到的内山完造的书可能是指鲁迅作序、内山所著的《活中国的姿态：邬其山漫文》（昭和11年）。该书的副

---

[1] 前注《回忆己之助》收录文章：可东己之助《日记 昭和15年》。
[2] 秦刚：《鲁迅与板垣鹰穗·柳濑正梦》，国际日本文化研究中心共同研究会"作为运动的大众文化"2017年11月4日报告。

标题中出现了"漫文",这可能是可东喜爱内山的原因之一。内山写道,中国文化是一种文章文化和生活文化的双重文化。

> 文章文化是指用写作表达的文化,而生活的文化是指具体作为生活存在的文化。(中略)总之,文章所表达的中国文化与实际生活绝不是一回事,实际生活是单独存在的。换言之,应当认为实际生活只是通过生活表现出来的例子。(中略)在我看来,日本的中国研究者大部分(无论左派还是右派)只是研究文章文化,而几乎没有人对生活文化进行具体观察和研究,或者说至少我还没有见过这样的人。[1]

内山认为,目前还没有出现对表层文化和其背后的生活方式,以及生活文化进行观察的研究者。这似乎鼓励了可东选择通过漫画的形式来观察上海的日常生活,而不是像日本本土的漫画家那样一方面画政治漫画,另一方面创造关于中国的刻板形象。

这种面向生活的现实主义不是基于日本漫画和电影一直追求的科学现实主义,而是一种更接近无产阶级艺术的取向。秦刚还指出,鲁迅也是在上海通过内山完造的内山书店将柳濑正梦的无产阶级漫画引入中国的。[2] 可东是否与内山有过交流不得而知,但在日本统治下的上海,可东虽然以讽刺漫画来回应时局,但作为描写民众的漫画家,他应该是充满了活下去的欲望的。

---

[1] 内山完造:《活中国的姿态:邬其山漫文》,学艺书院,1936年。
[2] 秦刚:《鲁迅与板垣鹰穗·柳濑正梦》,国际日本文化研究中心共同研究会"作为运动的大众文化"2017年11月4日报告。

强压于身的国策重担

然而，可东仍被要求继续参与上海的漫画国策化工作。昭和17年（1942）1月，《大陆新报》突然刊登了《铁扇公主》的作者万氏兄弟与可东的对谈。这是对前一天文章的回应，文中说到万氏兄弟将制作为了"东亚民族解放战争"的"和平电影"《长江的家鸭》。

这篇文章令我惊讶。从动画史上看，《铁扇公主》的主角孙悟空是一只类似米老鼠的猴子，而这回《长江的家鸭》的主角难道要像唐老鸭了吗？另外这篇文章还描述了《铁扇公主》的制作情况以及可东参与该动画制作的背景，把它作为史料也很有意义。然而《铁扇公主》既是一部抗日影片，又是一部"五族协和"的影片，其双重性是《长江的家鸭》所不能企及的。但也没有证据表明《长江的家鸭》这部影片真的曾被制作出来。

同年3月8日，在这次对谈的基础上，有报道称上海漫画家俱乐部即将成立，这是一个多民族的漫画团体，由可东和其他居住在上海的日本漫画家、万氏兄弟和其他中国人，以及白俄人、匈牙利人、德国人等组成。就一系列的报道来看，这似乎是《大陆新报》主导的另一个策划案，但事实上，这支由外国人组成的团队似乎是德匈轴心国加上白俄和中日的组合。但是从成立仪式开始，万氏兄弟就未曾出席，德国成员也都是流亡犹太人，没有必要参与日本的国策宣传。这个国际漫画集团发行了《上海生活风俗漫画作品集》，可东作为生活的观察者的立场反而更加清晰了。

然而在同年8月，上海漫画家俱乐部被"发展"为中国漫画家协会，由可东等几十名日本会员和万氏兄弟等中国会员组成，目的是"完成漫画家在近代意识形态战争中的使命"。读到这里，就已经给人一种可东无力抵抗国策的印象了。

追溯《大陆新报》从昭和17年（1942）至昭和18年（1943）的报道，可东创作了"宣传与墙报 专职漫画展""漫画战① 传单与墙报""漫画战② 连环画剧、移动漫画展""漫画战③ 今后活跃的舞台""向兴报文化部请愿"等围绕活用政治宣传漫画的小文。在"漫画战③ 今后活跃的舞台"中，他建议"之后偃旗息鼓"的万氏兄弟（从这里可以看出万氏兄弟抵抗日本统治的证据）制作短篇电影，或者至少应该制作电影院放映用的幻灯片。在这些文章中，颇有深意的是"向兴报文化部请愿"一段。

在即将到来的天空纪念日之际，报国会文化部为了激发"对天空的关心"，动员当地美术家举办移动展览会。这大概是文化部最初的美术动员。以此为契机，文化部迅速组成了"宣传美术"集团。

我们曾计划过组成"宣传技术家协会"，（中略）新闻记者、摄影师、电影人、纯粹的美术家、商业图案家、商社的宣传人员、宣传部门的官员都同样可以算是宣传技术家，那么到底应该推荐多少人加入协会，就令人苦恼（中略）。然而如果我们把范围缩小到包括宣传美术家的话，问题就变得简单了。[1]

在战时"宣传技巧"这一领域里，电通公司的外围团体、花森安治和新井静一郎、日本出版社 MAGAZINE HOUSE 的创始人

---

1 可东己之助：《对于兴报文化部的期望（二）》（日语原题：「興報文化部に要望（二）」),《大陆新报》1943年9月12日。

清水达夫,还有创作《平凡》杂志封面的大桥正等战后杂志媒体的核心编辑们会集到了一起。加藤悦郎在上文的同一时期出版了《新理念·漫画的技法》,提出了"日本漫画界一元化"的方案。虽然没有资料可以判断可东是否像加藤那样积极,但在此之前,他不得不主动提出由报社主导的国策漫画集团的组织化。在回忆可东的书籍中,收录了一篇昭和17年(1942)未发表的文章,讲述了他不得不从事政治宣传的苦恼:

> 自七七事变爆发以来,对民众最有效的宣传方式是漫画宣传。直到现在,日本军方和政治家才认识到漫画的宣传力量。
> 换句话说,诞生于虚无主义的漫画,在日本民族的发展中起到了主导作用。
> 事实上,我自己一直在日夜创作漫画,用于对敌宣传和民众工作。
> 这就是我作为一个漫画家的苦恼所在。[1]

漫画作为虚无主义的产物,已经成为政治宣传的工具,可东鄙视自己身陷其漩涡之中。很明显,"起到了主导作用"这句话中不仅包含加藤悦郎和协会,也包含他自己,我们可以从中读到他是如何在战争期间参与漫画国策的。

---

[1] 前注《回忆己之助》收录文章:可东己之助《漫画的苦恼》。

可东的困境

木田隆文指出[1],战争即将结束时,可东对参加上海漫画家俱乐部和中国漫画协会的外国漫画家们表示不认可,在表达批判意见后可东提出了这样的构想:

> 最终设立"上海漫画家俱乐部"研究所,让年轻而资质优良的中国人在这里学习外国漫画家所拥有的"技巧",这才是对时局做出贡献的适当途径,但目前还没有做到这一步。[2]

这是昭和19年(1944)3月的一段文字,可东认为,村山知义和加藤悦郎尝试对"素人"进行启蒙,这一点是必要的。既然他们把它称为"对当前形势做出贡献的适当方式",这与在翼赞体制下作为"素人"参与国民动员的原无产阶级美术家们的积极"转向"不无重合之处。然而应该注意的是,"获得'技能'"的目标是"年轻而资质优良的中国人"。原"满映"的72名日本人在战败后留在中国,比如动画师持永只仁就为新中国电影的发展奠定了基础,这一点在中国广为人知,相关研究也很多。

他们使得战时日本"内地"的视觉媒体的技法与战后的中国相衔接。由鲁迅引入的柳濑正梦的无产者版画运动风格一直延续到"文革"时期。可以确认的是,可东最后的关注点并不是利用

---

1 木田隆文:《上海漫画家俱乐部及其周边——以〈大陆新报〉报道文章为线索》(日语原题:「上海漫画家クラブとその周辺——『大陸新報』揭載記事を手掛かりに」),高纲博文、石川照子、竹松良明、大桥毅彦编:《战时上海的媒体:以文化政治学为视角》,研文出版,2016年。

2 加藤己之助:《上海漫画的30年》,上海市政研究会编:《上海的文化》,华中铁道株式会社总裁室弘报室,1944年。

作为宣传手段的漫画,而是传达漫画技术,但可东并没有选择。

《大陆新报》上曾刊登的一篇文章,是可东在中国最后的宣传漫画论。在文章中,作为"漫画家"的可东再次现身,将自己戏称为"久东久毛介",描绘了自己被派往大陆进行宣传战的经历。久毛介以国策宣传为目的在中国各地巡回演出,作为国家野外宣传剧场的一员,他加入了舞台的说明背景制作,他那无所不能的才识在战场上也很受欢迎。文章最后讲述了久毛介在《大陆新报》与万氏兄弟齐名,都参与了国际漫画集团,利用漫画进行宣传以及组建各种团体,即所谓政治宣传"表里两面"中"表面"的世界。用内山的话来说不是"文章文化"世界中的可东,而是在战时以政治宣传为"生活"的——生活中的可东。

久毛介能根据剧团的临时想法而当场创作连环画剧。他直接在台上绘制漫画,通过漫谈的形式进行即兴表演。他在中国人面前画罗斯福和丘吉尔的速写讽刺漫画。久毛介的画让人欢呼雀跃,但这是对于画作本身的滑稽性而言的,在本质上并不能算是"敌国"政治家的讽刺画,因此并不是政治宣传。

英国人和美国人的讽刺漫画也是如此。需要先画出各种不同类型的人物,然后通过问卷调查统计读者觉得哪些人像哪个国家的人,从而将讽刺漫画本土化。这就是为什么进行政治宣传要花这么多时间和精力,或者即便你认为创作的内容是从中国的故事出发的,但这个故事可能只有日本知识分子知道。这是一种只有经历过的人才能理解的交流隔阂(dis-communication)。

这些情况发生在可东刚来上海不久,对内山的"漫文"产生强烈共鸣之后。内山完造认为"文章""生活"这种世界的二元对立性不仅仅存在于中国,在任何国家都存在。"文章文化",即官员、新闻记者、军队等所期望的政治宣传,与处在"生活文化"一方的中国民众之间存在很大乖离。而可东正生活在这种矛盾之中。曾经在京都的摄影棚里将电影的"虚幻"背面清晰地描绘出来的电影漫画家——可东己之助在这里再次出现了。

政治宣传的实质无法传达

可东和相信政治宣传可以动员所有人的那些人，其区别就在于，可东生活在异文化交流的前线。FRONT 和《海之神兵》等作为战时视觉媒体美学的呈现，虽然是对外政治宣传，但最终并没有像当初预想的那样送达"外地"。

《海之神兵》的内容把日本对印度尼西亚的统治正当化了，但这部影片只在日本战败前在差点被空袭炸毁的大阪等日本本土地区上映过。政治宣传在不同的文化中如何被接受，在媒体理论和美学中，或者说在"文章文化"中，只是一个空洞的理论。我们还不知道政治宣传在现实中的"外地"是具体如何被理解和接受的，或者说在传达过程中产生了怎样的损耗。因此重要的是，可东意识到了政治宣传的内核是无法有效传达的，所能传达的只是绘画的技巧。可东写道，漫画表达已经放弃了虚无主义，成了"扩展日本民族"的工具。这样说来，可东最后选择用文字的方式对中国进行启蒙的意图就很明显了。

但是，可东并没有像留在"满映"的人们那样选择继续生活在战后的中国。日本战败后，报社再次留用了可东，他对朋友留在中国的决心表示钦佩，但同时也渴望回到妻儿所在的日本，在战败后的日记中他有这样一段记录：

大雨过后，河水打着漩涡，流淌着泥浆。堤岸已经坍塌，树木也被冲走。千世子的木屐被泥泞的水流冲走了，乔一刚进入漩涡中捞起木屐，激流就把他无声无息地冲走了。[1]

可东仿佛已一心赴死，他在回国后不久就带着他的妻子和两个年幼的孩子投水自尽了。可东身边有加藤悦郎这样的战时媒体理论家，在翼赞体制内，许多媒体艺术颇具讽刺性地在国家的支持下开花结果，因此前述的那些成就在战争中幸存了下来。想必可东也是可以作为媒体技术人员在战后生活下去的，然而他却在昭和17年（1942）那篇充满虚无主义的文章中这样写道：

我没有成为漫画家的希望，却被周围人认为是漫画家。我大概作为漫画家是一个反常的存在。[2]

可东自嘲地指出，他"被周围人认为是漫画家"。这不是被动员为宣传员的借口，但我们应该注意到的是"作为漫画家是一个反常的存在"这句话。可东的聪明才智以及过人的才能，让他成了宣传员，但这并不意味着可东就是政治宣传漫画的作者。此外，他也不像加藤悦郎那样立志成为运动理念前卫的理论家或实践者，在上海几次组建国策漫画集团的过程中，他给人的印象都是被动的。

尽管如此，对于时局来说可东是必要的，这不仅仅是因为他的聪明才智和容易被人利用。在我看来，可东拥有时局所需要的天赋，而这正是他"作为漫画家是一个反常的存在"的原因。

1　前注《回忆己之助》收录文章：可东己之助《日记 昭和21年》。
2　前注《回忆己之助》收录文章：可东己之助《漫画的苦恼》。

拥有"编辑"的"技术"

在这里我需要再次讨论可东的经历。他职业生涯的起点是一名编辑,在他去上海之前,他的身份从漫画家又回归到编辑,所以在考察可东的命运时,这一点出奇地重要,这是因为"编辑"是战时宣传战中最新的媒体技术。

报道技术研究会(加藤悦郎是该研究会的成员)出版的理论著作《宣传技术》认为,"编辑"是一种为了政治宣传、利用多种媒体,以"时间和空间方式配置、构成、综合感性素材"的技巧,可东与周围的人也讨论了作为战时宣传技巧的"编辑论"。就像他所说的"我们的同伴曾经成立'宣传技术家协会'"一样,可东周围的人对于作为"宣传技术家"的编辑充满了期待,也就是说,他所生活的"宣传的时代"同时也是"编辑的时代"。

电影、漫画、小说、评论、新闻采编。用现在的话来说,可东跨领域的、横贯各个职业的聪明才智一览无余。同时他在编辑组织者(organizer)和媒体组合两方面的天赋极为出色,这使他成了"宣传技术专家"的最佳人选。在众多的漫画家中,为什么可东会被派到上海并受到重用呢?其理由应该可以从他的编辑才能中发现,他能去上海,或者被寄予厚望创立国际漫画集团也是这个原因。他是名副其实的"编辑",能够将"内地"与"外地"、异文化之间在"时间上、空间上进行配置、构成、综合",正因为如此,他才能体会到"编辑"异文化不是一件容易的事。

因此可东在描绘政治宣传一线存在的问题的同时,把自己的聪明才智,也就是战时所需要的才能故意矮化、戏剧化。换句话说,他成了一台"人肉印刷机",按照军队的安排即兴创作漫画漫谈,产出了无数传单,他曾在一天内画了几十张海报和肖像画。例如，在描绘有情色意味的女性身体线条方面，可以清楚地看到可东作为漫画家的天赋。他的才华是一流的，即使在他的时代也是如此。在笔者看来，他似乎贱卖了自己的才能，但他想作为"纸笔活广告"存在于人们的生活中，自嘲为"宣传员"，并在战时的宣传中把自己当作漫画嘲讽的对象。这本身就构成了对战后以"宣传技术者"自居、苟延残喘继续活着的编辑们的批判，只是这批判的结果已经无法传达。以花森、清水等为代表的编辑们，反而成了战时媒体技术的传承者。

但是，需要再次重申的是，可东并没有体验"战后"的生活。"作为漫画家是一个反常的存在"，也就是说可东自己知道，无论好坏，战时他作为"编辑"的生活源于时代给他创造的可能性。因此，对于可东在战时被动的写作方式，即"没有希望"，"我是被周围的人制造出来的"，我们不应将其视作战后一个巧妙的借口，而应将其视作一种虚无主义和幽默戏谑，把他当成由"战时"这个时代促成的他自己存在的可能性。

可东之所以没有在战争结束后转向或抹去战争年代的记忆继续活下去，是因为战争年代，那个使他成为"编辑"或"宣传技术家"的世界，随着战争的失败而消失了。这就是为什么可东在1945年5月6日的日记中写道："我作为文化人的生活随着战争的失败而终止了。"[1]

失去了让自己活下去的"世界"

我曾经写过，所谓"战后文学"是指战时的繁华所带来的假

---

[1] 前注《回忆己之助》收录文章：可东己之助《日记 昭和20年》。

想自我形象的消失,用以前宫台真司的方式来讲,"战后文学"是指以如何在战后"没有结束的日常生活"中继续生活为主题的文学。提到"战后文学",自然就会想到战后的三岛由纪夫,他是一个肆意追求形式美学,并以此作为讽刺手段的虚无主义小说家。同样,相对于战时极为明朗积极的小说群(《女学生》是翼赞小说这一点在此不再重复),太宰治战败后的几部笔调阴郁的小说在这个意义上也属于"战后文学"。

可东在战后的绝望,其实与他们并非同质。从这个意义上说,也许可东感觉到自己生存的"世界"已经丧失了。这个"世界"在战时相当于日本,但这是使作为"编辑"的可东得以生存的媒体时空和环境。不可忽视的是,作为在法西斯压迫下的作家和记者,一种莫名的"自由"的媒体空间却围绕在宣传的周围,对于可东来说这就是战时的日本。

因此,可东只能将这种失落感表现为对日本的绝望。这种失落感,不仅是可东,也是许多战后文学的前提。不过对于生活在战时的表现者们在战败后的失落感,需要从文学和历史的角度再加以验证。由于忽略了这一点,现在这种失落感已经被战后民主化风潮带来的日本式"丧失"这种陈腐的东西取代。

可东回国后,为了谋生,除了做漫画、杂文、舞台剧等杂务外,还多次受邀担任杂志编辑。但是一切并不顺利,在可东去世前一个半月左右,他在日记中这样写道:

> 回到日本后,大桥先生的《漫画Gerard》由于受印刷商欺诈而失败,九州书院石川的《Star Line》因石川缺乏诚意而夭折,演艺报清水的《演艺俱乐部》由于纸张短缺而流产。凡是出版计划全部失败,(中略)我已经被这惨淡的生活教训了,(中略)如

今已经对新计划不抱有希望,也没有什么感兴趣的事情。只要一着手做,自己编辑狂的职业病就会暴露出来,容易钻牛角尖。[1]

可东在最后再次体会到自己的本质是一名编辑。

可东失去的是战争时代带来的媒体空间。明明"世界"都丧失了,但他心中却仍有"编辑"的技巧。因此可东写道:"做现在这种轻飘飘的新闻相关工作,实在是一件痛苦的事。"[2]许多在战时意识形态下积极贡献媒体技巧的人并不介意在战后不同的意识形态中通过"技巧"继续活下去,但可东并不能假装什么都没有发生一样,将技巧与战后联系起来从而继续活下去,他也没有用"战后文学"来弥补他的丧失感。

当然,很多人会认为可东是一个漫画家,而不是一个文学家。正因为他曾是漫画家,对自己充满批判,他生活在"生活"之中,而非在理论(文章文化)之中,因此他没有写"战后文学"。在这一点上,笔者认为可东是真诚的。

---

[1] 前注《回忆己之助》收录文章:可东己之助《日记 昭和22年》。
[2] 前注《回忆己之助》收录文章:可东己之助《日记 昭和22年》。

"外地"的《翼赞一家》

以抗日战争时期的华北地区和日据时期的朝鲜为例

《翼赞一家》究竟是何种国家宣传计划？

"翼赞体制"的诞生，以大政翼赞会的成立为标志之一，于1940年10月12日开始逐步实施。与此同时也开始了政治、经济，乃至文化生活和日常活动方面的全面革新，即所谓"新体制"的国策。为宣传和推广这项革新日常生活的国策，其中一个重要方式就是借助于大众文化。大众文化分为媒体表现形式和新兴表现形式两个主要方面。媒体表现形式主要是指电影、漫画、歌曲等，而新兴表现形式以戏剧、拉洋片、木偶剧等为主，它们看似传统大众文化，但实际上却在左翼运动影响下进行了改编和革新。自古以来，边缘化的表达不论出自何处，都很容易被用作动员民众的工具。

戏剧方面，在大政翼赞会的文化政策下，岸田国士曾担任文化部长。因此大正时期以及昭和初期流行的"公共戏剧"和"素人戏剧"这类左翼戏剧理念也都被移植到了这个时期。所谓"公共戏剧"和"素人戏剧"就是大众自己创作、自己欣赏成果的参与型艺术理论。另外，"公共戏剧"与近卫文麿"新体制运动"中的基本方针"协动主义"是一体的。

同时各种表现形式都被当局以"国家政治宣传"为目的而重构。当局期望正如"新体制运动"的口号"下意上达"所表达的那样，来自国民的自发行为会受到从众心理的影响而赞同当局所为。当时对政党表示自发的赞同被称为"别赶不上公交车"，实为一种讽刺。在众多的文化领域中，对"新体制运动"响应最快的是漫画界。在漫画界，在翼赞会之前，也就是1940年8月31日，一支由漫画界的中坚力量而组成的、贯彻"大同团结"理念的新日本漫画家协会成立了。有资料显示，大政翼赞会的宣传部于1945年11月26日曾向新日本漫画家协会提出协作要求。翼赞会的要求极其具体，提出要以"连载漫画"和"献纳漫画"的形式来进行国家宣传，《翼赞一家》的标题也出现在了记录之中。

1940年12月5日，《翼赞一家》的人物设定和策划案以新闻连载的形式刊登在主流报刊上。如东京、大阪两地的《朝日新闻》、《读卖新闻》以及《大阪每日新闻》，都几乎以全版的篇幅刊登了此内容。12月6日和7日就在不同的报刊上开始刊登由不同漫画家轮番创作的连载漫画。此事距离双方会面只不过短短9天时间，双方更是在当月就宣布了要灌制唱片并拍摄电影，虽然实际上并未拍成电影。同时邀请了当时刚刚大病初愈的古川绿波来录制唱片，并邀请到横山隆一出版相关书籍。1941年到1942年，在报纸上，从周刊杂志到女性杂志上都有这样的漫画连载内容，其形式多种多样，多到甚至难以把握全貌。除此之外，还制作了相关广播剧、绘本、舞蹈、戏剧剧本、新创作的落语、浪曲、拉洋片、小说、透景画等当时存在的几乎所有的表现形式，甚至连雏人形玩偶、拍洋画、和服衣料等物件，都有相同的人物和场景设定。由此可以看出，通过各行各业的创作者，《翼赞一家》的概念被投射在了各式各样的媒体形式上。（图1）不仅漫画协会的成员参与了创作，也有像酒井七马、长谷川町子等当时寂寂无名的漫画家参与其中。

图1 《翼赞之家》的案例。按照读者和媒体进行分类,有面向幼儿的,面向少女的,面向妇女的,等等。
横井福次郎:《翼赞部队》(国民社,1941年)(左下)
《翼赞一家大显身手》(《少女俱乐部》1941年4月号)(上图)
新日本漫画家协会:《翼赞一家的大和夫人》(《夫人俱乐部》1941年2月号)(右下)

需要注意的是，媒体组合的创作者并非都是专业人士，当时很多被称为"素人"的业余创作者也参与了创作。最致力于推动新体制运动的《朝日新闻》，在东京本社版上募集读者来稿并连载。《翼赞一家》以圆形的和新月形的头部造型作为区分人物形象的标志，设计时就是为了便于模仿，只要沿用毛栗子头型少年和河童发型的少女这些已经定型的人物形象即可。对这两个形象的模仿，用现在的话来说叫"二次创作"，但在当时默默无名的业余爱好者也可以自由使用这些形象来创作。众所周知，在手冢治虫大学时期的习作本里我们可以看到，其少年时期的习作《直到胜利之日》这部防空漫画不仅运用了《翼赞一家》的人物形象，更沿袭了漫画人物所在的地点——町内。

动员素人参与《翼赞一家》是法西斯主义的翼赞体制，与之相应的是大众也自己制作并出演木偶剧，当时还出现了有关木偶剧的教科书。有意思的是，战后木偶剧的基本体系就是当时创造的。

但是，不少人没有意识到《翼赞一家》的地位和作用。有人认为《翼赞一家》在漫画史上持续时间很短，很快就结束了；有人认为其中没有令人称道的作品。还有人认为像加藤悦郎这样战后非常有话语权的、旧左派转向的漫画家曾对《翼赞一家》充满批判之词；或是认为战后仍然活跃的漫画家们当时大都参与其中，却将其视为一种禁忌，等等，这些观点实际上都是低估了《翼赞一家》的价值。然而仅用9天就能够让全国的报纸都刊登连载漫画并使用多种渠道来宣传，翼赞会宣传部对国家宣传的尝试无疑是非常成功的。重要的是，《翼赞一家》作为国家宣传的手段，也在不断朝着日本海外的据点发展。因此讽刺地讲，以漫画为主要表现形式的《翼赞一家》以多种媒体的形式对外进行了国家宣传，甚至可以称之为战时下的"Cool Japan"政策。

以上就是本书涉及的主要内容，但是如今对于日本本土以外的地区（除了中国台湾），相关研究都比较有限。因受到学者蔡锦佳的帮助，笔者对中国台湾地区的情况有了大致的了解。目前了解到以下几个特点。第一，在中国台湾，与《翼赞一家》相关的介绍新闻是和日本同步刊发的，包括《朝日新闻》海外版，以及当地不少报纸都有相关报道。第二，虽然没有利用多种媒体渠道进行宣传，但在面向当地企业的广告中发现了《翼赞一家》。第三，"微笑运动"，也就是为宣传招募兵役的"皇民化"运动与《翼赞一家》进行了联动。另外，虽然没有找到动员民众参与《翼赞一家》二次创作的相关证据，但有记载显示，新日本漫画家协会和台湾总督府曾开展过"皇民化"运动。为国家宣传而培育漫画家以及公开征集漫画作品、举办作品展是"皇民化"运动的一环。

在其他海外地区，如上海和伪满洲国，是否也曾与日本同步推行过《翼赞一家》呢？笔者查阅了如《大陆新闻》（上海）、《"满洲"日日新闻》（伪满洲国）等其他一系列日本能够看到的海外报纸杂志，并没发现报纸版面上有相关记载，只能看到横山隆一书籍单行本的发行通知、浪曲的录制广告、企业广告，还有广播直播这类非常碎片化的信息。但在这些"海外地区"，当地报纸中相当于日本国内"地方版"的页面上，都以"外地版"为名同步报道日本国内的新闻，因此可以认为，与《翼赞一家》相关的内容在上海和伪满洲国地区也有流传。

若非如此，即使是翼赞会主导的国策漫画，也不会突兀地在海外发行单行本或转载于企业广告之中，因此"外地"也至少存在最小限度的媒体间联动。台湾《朝日新闻》海外版刊载了由新日本漫画家协会主要成员轮流创作的连载漫画《翼赞一家台湾篇》系列。此系列作品并非台湾独有，而是有意对照日本国内的"地方版"《翼赞一家》制作的版本。

上述内容截至本文执笔之时，只针对台湾做了调查，并没有涉及其他日本以外地区。这样的调查是不充分的。下面，笔者将通过此后的调查结果，对已经证实的中国华北地区以及日本统治下的朝鲜两地的《翼赞一家》进行具体介绍。

中国华北地区的《翼赞一家》："阵中漫画"以及"北京漫画家协会"

首先介绍一下以北京为中心的华北地区的情况。侵华战争中，日军占领了中国华北。1937年12月，傀儡政府"中华民国临时政府"成立。1940年3月，"中华民国国民政府"在南京成立，汪兆铭（汪精卫）任主席。由此，"中华民国临时政府"在形式上被"中华民国国民政府"吸收，改称"华北政务委员会"，一直到日本战败，实质上拥有着对华北的统治权。

包括华北在内的日本海外殖民地，都会发行日本国内主要报纸的"海外版"。除此之外，各殖民地或占领区也会发行当地的日文报纸。其中，在中国肩负文化工作任务的国策通信社——同盟通信社发行的《东亚新报》于1939年7月和当地已有报纸合并创刊。《东亚新报》在学界内部相当知名，但是报纸原物已经散佚，如今想要确认整体情况很困难。这次非常幸运的是能够对《东亚新报》"北支版"1940年12月到1941年9月的内容进行调查，并发现了其中确有《翼赞一家》的相关内容。总结来讲，在《东亚新报》上，《翼赞一家》的特点之一是以"阵中漫画"和"慰问漫画"的形式出现，特点之二是与"北京漫画家协会"有密切关联。

图2 与《翼赞一家》相关的漫画。《东亚新报》1940年12月9日

　　1940年12月9日的《东亚新报》"北支版"刊载了题为"我是大和赞平'翼赞一家'大和家登场"的、与《翼赞一家》相关的漫画。（图2）这幅漫画由翼赞宣传部与日本漫画家协会合作出品，是为宣传翼赞思想而被精心创作出来的。漫画中也有关于大和家人物、町内地图、人物名、年龄、职业等简单的介绍，"邻组配置图"也在地图中作为说明出现。但与日本相比，对邻组成员的介绍以及邻组和大和一家关系的介绍相对较少，且并没有出现"版权为翼赞会所属，人物形象无须获得同意便可使用，也可以此创意为本进行简略化处理"的说明。此外，作者"新日本漫画家协会"被误记为"日本漫画协会"，但这种情况不仅仅出现

附 论　　　　　　　　　　　　　　　　　　　　　　　261

在《东亚新报》中。

在华北地区之所以不太提及与邻组相关的内容，其参与性要素也比较少，是因为华北采取了与日本本土完全不同的推进方式。在日本内地，"翼赞一家"直接等同于"大政翼赞会"。纳粹式基层组织"邻组"，还有以邻组为据点开展的新体制生活转换运动，被视为政治宣传的主题，而"投稿漫画"的参与方式与这种政治宣传紧密联系在了一起。但在华北地区却没有采取这种方式开展宣传，事实上，这一点在纸媒上的宣传中是显而易见的。

在日本，《翼赞一家》的思想被刊登在以生活信息为主题的家庭栏目中，有时会和邻组相关的报道放在一起，这一点充分反映了《翼赞一家》所处的语境。这种以漫画为表现形式的思想常常也会涉及邻里之间的互相帮助的主题。然而，在《东亚新报》中，《翼赞一家》的内容被刊载于题为"阵中新闻"的栏目中。这个栏目更偏向娱乐而非文化。《翼赞一家》的内容最初刊载在1940年12月22日，题为"微笑的慰问袋 本地的翼赞一家"。（图3）作者是阿久津元等新日本漫画家协会的成员，加上标题图在内一共有五幅有关《翼赞一家》的作品共同登载。这些作品刊登于同一个版面，许多漫画家以"合作"的形式用同一个主题进行创作，"漫画集团"是通过各自的小组来独占或分享报纸版面时使用的手段。

不过，该版面中也有与《翼赞一家》无关的内容，但是作者署名后面都有"协会"二字，不过没有提及此"协会"是否就是"新日本漫画家协会"，自然也有可能是"北京漫画家协会"。之所以有此推测，是因为在1941年1月5日的《阵中新闻》栏目中，出现了题为《微笑的慰问袋 阵中双六棋》的"合作"作品，这幅作品标注了"北京漫画家协会"的字样。本文中选取的部分

图3 《翼赞一家》刊登于《东亚新报》《阵中新闻》栏,1940年12月22日

图4 新日本漫画家协会和"北京漫画家协会"的"合作",《东亚新报》1941年1月5日

内容表现了活跃于《翼赞一家》和《北京漫画》的日本人漫画家的自画像,由此表现了两者间的合作。双六棋最后一格的日文"上がり"字样周围,可见《翼赞一家》的相关作者和"北京漫画家协会"的成员们手舞足蹈。(图4)也就是说,在《阵中新闻》栏目中刊登的漫画策划"微笑的慰问袋"原本是海外的"北京漫画家协会"用于"合作"的阵地。日本国内的新日本漫画家协会,通过与北京方面"协动"(用"翼赞"的话来说),创造出了"当地版(北京版)翼赞一家"。在此之前,人们并不知道这是"北京漫画家协会"活动的一部分。

一方面,《阵中新闻》这个栏目之前一直都募集漫画的投稿:

"军官们,请给我们分享前线的乐事和绘画吧""请后方多多支援前线,给战士们送上有益健康的'微笑的慰问袋'吧"。实际上,也曾有过投稿的漫画中出现了部队名称。为理解报道中出现此类内容的原因,我们就需要注意这种叫作"阵中漫画"或是"慰问漫画"的领域。

进入20世纪20年代,漫画入门书开始不断发行,30年代出现了以丛书形式发行的入门讲座和函授教育用书。在大正后期到昭和前期,与"大正民主"同时出现了业余创作者,这些创作者作为素人也受到了鼓动,参与到翼赞体制下的全民性法西斯主义当中,漫画也不例外,这是函授教育广告产生巨大变化的真实原因。(图5)在"后方",无论创作者专业与否,都有绘制"慰问漫画"的需要。函授教育的教材也因此有所改编(图6),另外也存在专门的慰问杂志。也就是说,"阵中新闻"中刊登的日本国内漫画家们创作的《翼赞一家》,是以"慰问漫画"的形式被创作出来的。

接下来,笔者简单整理一下面向漫画家们的战时文化工作动员的问题。具体可以看到它有以下几种表现形式。第一,和小说家类似,著名的漫画家可以在军队或大报社的庇佑下进行视察旅行以创作游记。第二,在海外殖民地,有许多与当地日文媒体紧密相关的漫画家,如与上海当地的日文报纸《大陆新报》关系密切的可东己之助,或是"北京漫画家协会"的侨居北京的日本漫画家等。他们虽然是漫画家,但多作为编辑或是当地的媒体组织者,发挥了很大的作用。他们大多在日本国内有过左翼运动的经历,为了在海外换取相应的自由,被迫从事殖民地文化宣传工作。另外,他们也曾参与过非常接地气的工作,如被称为"宣抚工作"的拉洋片创作和即兴漫画创作。

图5 广告语"在家也能成为大漫画家"变成了"在中国、日本的漫画家们都十分忙碌"。通信教育广告,《少年俱乐部》(1938年3月,大日本雄辩会讲谈社)

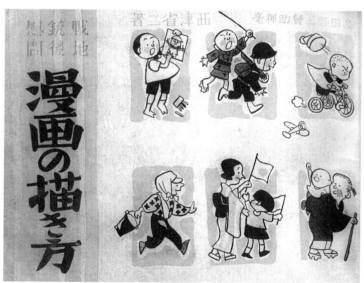

图6 通信教育教材的书名从《漫画自学教材》(山口兆,1934年,自由阁)改成了《战地后方慰问漫画的画法》(西津省二,1939年,昭和出版协会)

此外，还有一类人是会画漫画的素人，他们混迹于被征兵的战士和开拓民之中。战时许多画家被征兵，留下了许多绘画作品，漫画家也是同样的情况。"阵中新闻"的版面也提供给这些素人漫画家，刊登他们的"慰问漫画"和"阵中漫画"。居住在北京的漫画家虽不能说是居于"阵中"，但我们可以说"北京漫画家协会"和新日本漫画家协会在共同创作作品，他们合作创造出了北京"当地版 翼赞一家"。

目前还无法确定"阵中漫画"这个说法是否在各个场合都有普及，但《东亚新报》在"当地版 翼赞一家"出现之前，也就是1940年6月7日，刊载了著名的题为"阵中画信"的漫画栏目，署名为"大木舞台 高城溪水"。(图7)漫画中表现了从战场寄给漫画家田河水泡的信件。高城应该是田河水泡的弟子，他曾在田河作序、平松秀三所著的《漫画安全读本》（1942年）中担任插画绘制工作，是一名无名画手，征兵后成为一名战士。高城的"阵中画信"也曾发给井上一雄（1940年6月8日）和村田正（1940年6月20日），零散地发在《东亚新报》上。除此之外，此栏目也刊发过许多其他作者的作品，像这样的"阵中"漫画家绝非少数。"阵中新闻"不仅刊登漫画，还在出征的兵士间募集俳句作品，并刊登出来。

关于战时面向这类无名漫画家的动员行为，目前尚无人研究。这是因为漫画研究还没有从名家名作评论的束缚中摆脱出来。对素人漫画家的动员是战时引导全民参与法西斯主义的基本方式，当我们在思考这个问题时，对于这些在"阵中"和"后方"的素人漫画家们的考证是极其重要的。比如，伪满洲国政府"开拓总局"的委托宣传员，同时兼任"开拓义勇队"训练本部委托员的坂本牙城，他把绘制"开拓义勇队"漫画的青少年集结为

图7 田河水泡的弟子寄给老师的阵中漫画。高城溪水:《来自阵中的图画信》,1940年6月7日

图8 "开拓民"青少年的《开拓漫画》,阪本牙城编:《义勇队漫画部队》(大陆建设社1942年)

"义勇队漫画部队",并且编辑了一本《义勇队漫画部队》(1942年)用于指导青少年和开展宣抚工作。在这本书刊登的作品当中,就能看到这些无名漫画家的身影。(图8)坂本对于绘制漫画的意义发表了如下见解:

> 我相信,绘画是加深对自然、人生的爱和理解的一种方式,甚至能够让人勇猛奋进,向着百姓道不断精进。因此我鼓励义勇队的学生们画漫画。在同一幅画中画到极致是很困难的,但漫画入门简单,而且能够充分表达自己的思想,因此我特别推荐漫画。
>
> 义勇队的学生们都对绘制漫画如痴如醉。不仅自己在画漫画中得到了快乐,也让朋友感受到了快乐。他们精神饱满地希望通过漫画丰富其在训练所里的生活。(坂本,1942年)

谁都能画上两笔漫画,"开拓地"的生活也因此丰富起来。这也可以说是正确反映了国民自娱自乐的"厚生"思想。

同样,加藤悦郎编的《增产漫画集:全日本青年漫画家协会第一作品集》(1944年)(图9)作为将画漫画的素人进行组织化的体现也十分重要。加藤原本是新日本漫画家协会成立时就参与其中的成员,但加藤认为协会内大量残存着过去的权益再分配团体——漫画集团的旧习,并对此提出反抗而遭到协会除名。他出版了《新理念漫画技法》(1942年),成了当时最积极参与新体制的漫画家。同时他也参与了企图将国家宣传理论与实践相结合的"报道技术研究会",是该研究会中唯一的漫画家。后来加藤将创作漫画的劳动青年们组织起来,创立了全日本青年漫画家协会。

不论是坂本还是加藤,在启蒙青少年劳动者画漫画这一点

图9 劳动青年的漫画集。加藤悦郎编:《增产漫画集:全日本青年漫画家协会第一作品集》(新纪元社,1944年)

上来看,都非常类似于无产阶级艺术运动的组织者。战时对"素人"的动员与昭和初期左翼艺术运动的连续性,是在考察"动员"作为一种方法论时不可回避的问题。受翼赞体制"协同主义"的影响,产出了这类漫画创作形式,其中对素人的动员问题被称为"协动"。现在"协动"问题也在不经意间与被海外学者称赞的漫画同人志活动进行了关联,也与业余创作者的政治性进行了关联。

上述内容与《翼赞一家》的关联性不大,但明确了一个事实:如果在研究战时漫画作者的问题上拘泥于有名有姓的作者,就会脱离事物的本质。不仅是日本国内,出征在外、身处"阵中"的士兵和"开拓民"中也有无名的素人漫画家。一方面正如在中国台湾，我们已经证实很早就开始提倡培育从事文化工作的外国漫画家，伪满洲国在1938年就已经有了《宣抚月报》这种文化工作的理论杂志。

不论漫画是一种多么有效的宣传工具，如果没有优秀的漫画家就无以为继。正如前面所提到的漫画家的素养问题，在"满洲国"的漫画家对"满洲国"比较了解，因此就需要具备冷静的批判能力。漫画能够带来的影响越大，漫画家和指导者的责任也就越大。

"满人"基本没有接受过漫画的培训，从如今的经验来看，太过复杂的表现方法还无法取得成效。（今井，1938年）

今井一郎是参与策划《"满洲"浪漫》《艺文》等伪满洲国文艺杂志的画家，还担任了"满洲日日新闻社"社会部副部长和"满洲美术家协会"干事。他不仅发展当地对于漫画家的培养工作，还在《宣抚月报》杂志上刊登漫画的初级入门教程。

《东亚新报》中曾刊登了《漫画爱路工作》等报道（1941年1月24日）。由报道内容可知，"爱路工作"是指为了防止华中地区国共两党的抗日游击队袭击铁路网而开展的治安宣传工作，具体是在铁路沿线设置"爱路村"，并以此为单位开展工作。为宣传"爱路"行动，"华北交通社"决定让本社选出擅长画漫画的员工（日本人1名，中国人10名），派遣其去天津、张家口两铁路局，此后也将在各地安排漫画宣传技术员。因此，在铁路公司工作的"华人"中也有被动员去做日本方面宣传工作的业余漫画家。这也是被国策动员后的素人漫画家的例子。

图10 带有朝鲜总督府藏书印的漫画入门书。冈本一平:《新漫画技法》,中央出版,1928年

在殖民地朝鲜的两类《翼赞一家》与"国语"教化

当我们在战后探讨日本漫画史的时候,自然不能排除战时殖民地的存在。因为在战时被称为"外地"的殖民地、沦陷区及其居民都是被包含在"日本"这个国家概念之内的。在韩国首尔的大韩民国中央图书馆中,藏有冈本一平所著《新漫画技法》(1928年)一书。该馆还藏有大批20世纪20年代发行的漫画入门书籍,这些书籍上面都印有朝鲜总督府图书馆的藏书印。(图10)由这个藏书印可知,这些书籍在当时就已经同步收入馆藏。虽然不能证明这些书籍是供素人漫画家们阅览的,但可以说明这些书籍很有

可能在出版之时就已经同步流入朝鲜了。

在朝鲜，我们还没有证实《翼赞一家》流传到何种程度，但是当时出现了"金山一家"和"敷岛一家"这两个完全本地化的人物家族形象，这两个新家族形象以"明朗爱国班"的形式不断发展，因此对该脉络的把握几经周折。

朝鲜版《翼赞一家》的构想是在《翼赞一家》运动开始半年后公布的，即始于1941年6月。在日本国内，翼赞会策划的《翼赞一家》媒体组合只维持到1941年上半年就基本告终。战时的媒体组合是在较短的时间内，集中将一种概念（多数情况下是以"标语"的形式）通过多种媒体进行宣传。在中国华北，《翼赞一家》几乎与日本国内同时展开，而且日本方面还与"北京漫画家协会"合作；在中国台湾因为要配合"皇民化"运动而稍晚展开，但也有当地的漫画家参与《翼赞一家》的宣传。然而朝鲜的情况非常有意思，与其他地区在本质上有所不同，也就是"一家"的人物设定有所改变。作为在殖民地朝鲜最彻底的本地化行为，就是将主要人物改编成创氏改名[1]后的朝鲜人一家和在海外居住的日本人一家两个家庭。

最早报道朝鲜版《翼赞一家》的是《每日新报》，它在1941年4月9日刊登了名为"漫画家协会成立 设立明朗爱国班"的报道。这份报道的全译参照了宣政佑的另一份报告。在"明朗爱国班"的标题下，报道了由"朝鲜漫画家协会"创作的"漫画漫文"的主要人物："东亚一家"（日本人家庭）和"敷岛一家"（朝鲜人家庭）两个家族。

1　创氏改名是朝鲜日据时期朝鲜总督府于昭和14年（1939）颁布的一项将朝鲜名字改为日本名字的法令。——译者注

家族名称都是假称，但和"大和一家"中"大和"同义的"敷岛"，却是朝鲜人家庭，这一点令人困惑。但我们已经了解到，殖民地朝鲜一开始就在人物设定上涉及了两个家族，一为在朝日本人家庭，另一为朝鲜人家庭。除此之外，我们也能明确以下两个事实：1. 朝鲜的邻组被冠以"爱国班"的名号，2. 由"漫画协会"进行策划和创作。从这两点来看，朝鲜的《翼赞一家》沿袭了日本国内《翼赞一家》的组织架构，表现形式为"漫画漫文"。在后面我们也会提到"漫文"这种表现形式。

1941年4月9日的报道中，却完全没有提到这两个家族的人物设定图和人物名称。因为担任绘制朝鲜版《翼赞一家》的是"朝鲜漫画家协会"，该协会的成立过程可从1941年4月13日《国民新报》的报道中确认。报道内容共十几行，大致如下：

时局动荡之时，我们漫画家绝不等闲视之。我们漫画家集结于此，形成一股团结的力量，紧紧地把握如今动荡的体制，一齐奋起，结成漫画家协会（暂定名），开拓欢笑的世界，作为大团结力量的一翼，推进协会的成立。我们决定与国民团结朝鲜联盟宣传部联络，组织协会，从各方召集会员，于4月1日举行成立大会。

与日本国内一样，为创建翼赞体制，朝鲜也出现了漫画家的"大同团结"。由此我们可以确切地知道，朝鲜漫画家组织起来的时间为1941年4月1日。我们也可以推知，协会的成立借助于与国民团结朝鲜联盟宣传部的"联络"，因此朝鲜版《翼赞一家》的成立背景和日本是一致的。

协会的发起人岩本正二、佐佐木礼三、堀万太郎、神林久

图11 关于朝鲜漫画人协会成立的报道。《总力战》1941年第3卷5号，国民团结朝鲜联盟

雄、藤原州马等30多人参加了协会。1941年4月5日，发表了国民团结朝鲜联盟事务局会议室的成立大会照片（《总力战》1941年第三卷五号，国民团结朝鲜联盟）。（图11）岩本正二出生于1912年，是出生于朝鲜的在朝日本人二代。4月下旬，报纸上公布了朝鲜版《翼赞一家》的人物设定等详情信息。根据目前的调查，最早公布的是《朝日新闻》1941年4月24日的报道。题为"翼赞一家诞生 敷岛一家和金山一家"的报道同时在朝鲜西部、朝鲜中部和朝鲜北部等各海外版见报。（图12）内容如下：

  日本的"大和一家"在朝鲜半岛以"敷岛一家"（日本人）和"金山一家"（朝鲜人）的形式诞生了。
  创作者是国民团结朝鲜联盟宣传部和朝鲜漫画人协会。《翼赞一家》最近终于在各种媒体、商店、公司的印刷物中出现，在欢笑和讽刺中，朝鲜半岛团结联盟的工作起到了非常重要的作用。

图12　《敷岛一家》《金山一家》报道。
《朝日新闻》朝鲜中部版1941年4月24日

"敷岛一家"是在朝日本人,"金山一家"是朝鲜人。这样一标明,就不会因为姓名上的矛盾而产生误解。报道中刊载了两个家族的人物一览表,"朝鲜漫画家协会"也改称为"朝鲜漫画人协会"。与日本相同,"新日本漫画家协会"的名称也在各大报刊上有所误记,"国策漫画集团"的名称也是杜撰的。

除漫画之外还有一些有关广告的宣传手段,但除此之外就没有其他的媒体组合展开。这一点朝鲜和中国台湾等地一样,《翼赞一家》的内容由日本国内流入当地,除了书籍、广播、音像资料之外,宣传手段最多只停留在广告层面。在日本版《翼赞一家》告示中必须同时出现邻组的地图,但朝鲜版中并没有出现,

图13 《明朗爱国班诞生了》报道。《国民新报》1941年5月4日

这是因为，朝鲜版《翼赞一家》并非是单独成立，而是以两种"爱国班"作为舞台的。之后，在《国民新报》1941年5月4日的报道中有了更加详细的介绍："明朗爱国班"这个策划的名称和两个家族被形容成"在笑声和教训中开朗地保护后方"和"团结漫画"。（图13）

有关"金山一家"和"敷岛一家"更详细的报道刊登在国民团结朝鲜联盟所发行的《国民总力》1941年5月号上，刊登时间是5月7日。我们能够确认，这是在4月24日的报纸发表后不久刊登的内容，这篇文章是目前发现的对人物设定介绍最详细的一篇。考虑到杂志的发行方是联盟，所以基本可以认定这篇文章的内容是官方所做的设定。报道以"明朗爱国班"为题，可以推知这就是朝鲜《翼赞一家》的正式名称。（图14）

值得注意的是，报道中明确写出了"朝鲜漫画人协会"是联

图14 《明朗爱国班》报道。《国民总力》1941年5月号,国民团结朝鲜联盟

盟宣传部的"合作团体",协会的评论如下所示:

成功漫画化 与朝鲜漫画人协会合作
人物性格明朗和善,易于描画,为实现这些特点在创造人物的时候花费了不少工夫,有不小的难度。但国民学校的学生只需要稍加练习,就能够很好地进行创作。"明朗爱国班"作为先锋,很大程度上为我们提供了漫画的构想。收集素材,也就是想法和创意需要花费功夫,主要是从每天的日常生活中取材、积累。希望大家多多提供有趣的点子,让我们尽可能地为报纸杂志提供画作。

人物设计方面，朝鲜版和日本内地版一样，人物"易于描画"，只要"稍加练习"，"国民学校的学生"都能够轻松上手，降低了素人参与的难度。但却没有简单到像内地版那样，仅用圆形或月牙形就可以勾勒出人物的脸部轮廓。协会向读者征集"有趣的思路"，希望"尽可能地为报纸杂志提供画作"。朝鲜漫画人协会好像了解到日本国内的翼赞会提供了创作版权，因此协会很难垄断创作的机会，所以就采取了这种牵制手段。另一方面，题材为"每日的生活"，也就是"日常"。这一基本路线和日本国内是一致的。

报道中也提到了"金山一家"和"敷岛一家"两个家庭详细的设定。但人物的介绍类似于户籍本上的内容，金山家的介绍只有"金山一族户籍，朝鲜半岛"。我们也能够由此推测出金山一家是被统治的对象。

金山一家共有7口人，还有1个佣人。金山一家做食品零售，是一个中产家庭。

积极配合国策，积极参加爱国班，配合改善生活，是个非常明朗健康的家庭。在町内也收获了大家很好的评价。

户主东植是爱国班的班长。

同在"町联盟"的另一个爱国班，有"敷岛一家"，他们常常以爱国班为中心，交换彼此的意见，非常亲密友好。

"金山一家"和"敷岛一家"是同一个"町联盟"的，他们是班长家庭，又在相邻的邻组，所以两家有密切的交流。按照故事设定，"府"的下级行政区为各个町，各町又有"町联盟"，下又设"区"和"爱国班"。因此暗示两个家族分别代表在朝日本人和朝鲜人的相互合作，也表现了两个爱国班之间的互相合作。

家庭成员中，东植（65岁）、贞淑（59岁）是家族里的大家长。大儿子文化（30岁），儿媳赞子（28岁），他们有两个孩子，老大是女儿朝子（9岁），老二是儿子荣（3岁）。东植的三儿子19岁（二儿子不在），另外还有佣人引川一郎（17岁）。从家长的名字"东植"来看，取的是东方之国（日本）的殖民地的意思。"贞淑"之名也暗含了妻子的优良品质。

重要的是，他们是因为"创氏改名运动"而改成了"日本式名字"。另外需要注意到在人物设定中，年幼的荣"虽然还在牙牙学语的阶段但已经能够讲日语和朝鲜语"；佣人一郎是"家里面日语最好的"。他们的母语自然都不是"日语"。但正如宣传中不断强调的东植是爱国班的班长，与隔壁爱国班的敷岛一家有着友好往来一样，作为朝鲜版邻组的"爱国班"还有一个功能，即用日语这个工具来教化民众，这一点也表现在了人物的设定上。在对"金山一家"的介绍中出现的"改善生活"的字样，其实也是日本化的体现。

"敷岛一家"的设定如下所示：

积极配合国策，积极参加爱国班，配合推进内鲜一体化，努力改善生活，是个非常明朗健康的家庭。
——极力排斥外来语，绝对不用外来语——
户主是爱国班的班长。
同在"町联盟"的另一个爱国班，有"金山一家"，他们常常以爱国班为中心，交换彼此的意见，非常亲密友好。

在这里也特别强调了两家的亲密交往关系。还要"配合推进内鲜一体化,努力改善生活",即敷岛一家要帮助金山一家实现日本化。"极力排斥外来语,绝对不用外来语"也表现了"明朗爱国班"和日语教化之间的关系。

敷岛一家的成员包括一对老夫妇明治(70岁)和菊(67岁),目前两人隐居,他们的儿子儿媳力(48岁)和综子(45岁)及他们的大儿子公明(24岁)、大女儿爱子(17岁)、二儿子国光(12岁)、三儿子班三(7岁),还有小狗"小八"。实际上,日本版的大和一家成员中也有一条狗。此外,力担任爱国班的班长。

可以看出,这样一个日本国内版的《翼赞一家》在朝鲜得到了本地化,这里还设计了创氏改名和日语教化等殖民地政策的内容。虽然在中国台湾也利用"皇民化"运动作为工具来推进《翼赞一家》,但在朝鲜这种日本化的意图更加明显。

这本《国民总力》的杂志中已经开始出现名为"朝鲜漫画人协会"的联盟以"团结漫画"为题的版面,但这期中还没有出现"爱国班"的人物。也许人物设定在发刊时还没有创造出来。其后一期的6月号开始以"朝鲜漫画人协会"的名义刊登了题为"漫画团结战"的版面。"爱国班"的两个家族的人物首次出现在漫画里。(图15)人物是以"合作"的形式出现的,但是6月号6幅作品中有4幅使用了"爱国班"的人物,在其余的2幅作品中没有涉及。"漫画团结战"中对"爱国班"的使用一直持续到不登载"爱国班"漫画的1942年1月号,由此可见该内容比较零散。另外,7月号中出现了使用《翼赞一家》形象的企业广告。(图16)

在《国民总力》上刊登作品的"明朗爱国班"中有一位漫画家比较突出,名为"凡太郎"。他笔触大胆,如入化境,人物表现栩栩如生。遗憾的是,目前无法确认其身份。

图15 使用《明朗爱国班》中的人物所创作的合作漫画。朝鲜漫画人协会：《漫画团结战》，《国民总力》1941年6月号，国民团结朝鲜联盟

朝鲜版《翼赞一家》当初还计划推行"漫画和漫文"。凡太郎不仅善于漫画，也很会写漫文。他曾经创作过《明朗爱国班漫画访问记》（发表于1941年10月号）和《明朗爱国班班长新春对谈》（发表于1942年1月号），用文章配以漫画表现了关于一家人的架空访问记和架空对谈录。（图17、图18）在日本本土的《翼赞一家》中也能看到将虚构的一家表现为仿佛实际存在的倾向。《国民总力》杂志上也刊登了同协会成员岩本正二所创作的真实的爱国班访问报道，从这一点上可以看到杂志的巧妙布局。

虽说如此，该纪实报道的内容却很普通，主要都是勤劳服务的主题，比如爱国班近邻之间相亲相爱等，都是一些符合国策的内容，类似于漫谈，浅显易懂。最重要的是，文章基本以口语体

图16 《翼赞一家》企业广告。《国民总力》1941年7月号,国民团结朝鲜联盟

图17 漫文形式的虚构访问记。凡太郎:《明朗爱国班漫画访问记》,《国民总力》1941年10月号,国民团结朝鲜联盟

图18 漫文形式的虚构对谈。凡太郎:《明朗爱国班班长新春对谈》,《国民总力》1942年1月号,国民团结朝鲜联盟

和会话体书写，而且汉字上也标注了读音。《国民总力》本是面向军队、总督府、联盟相关人士以及文化人的刊物，以近似于檄文的论文文体为主，是用于国家宣传的综合杂志，不会给汉字标注读音。但其中却出现了凡太郎的漫文《爱国班》，还有岩本关于爱国班的报道，均采用了浅显易懂的会话体。协会会员所创作的爱国班漫画的地位是不言自明的。

凡太郎的两篇漫文，其中心内容都主要围绕东植和明治两位老人展开。这两位老人在凡太郎的笔下都不是偏执倔强的民粹老人，而是悠然自得的形象。如果是只面向孩童的读物，把主人公聚焦于孩子啊小狗之类的就好了，然而事实并非如此。当然并不是没有孩子来看《国民总力》的漫画页，我们应该把这些内容看作日语教化政策的工具。在这些内容中，并不带有很强烈的国家宣传的色彩。通俗易懂的读物更能体现"用日语阅读"的主要目标。由此"爱国班"和"日语教化"紧密地联系在了一起。

目前笔者找到了两篇"明朗爱国班"的作品，分别刊登在1941年6月号和7月号上，作者不详。（图19）另外，刊登在《每日新闻》上有关由联盟宣传部支持朝鲜人漫画协会主办的"战时生活漫画"征稿中，名为"明朗爱国班敷岛一家"的作品入选为二等奖，由此我们也可以得知投稿中已经可以允许二次创作了。

在长期的连载中，堀万太郎的《漫画愉快的家族》引人注目。（图20）从《皇民日报》创刊号1942年6月25日开始，到1942年12月31日，一共刊登了159篇作品。该作品也是出于日语教化目的的"明朗爱国班"的相关作品。标题下标注着"国语常用"的字样。标题和对话文由汉字和片假名构成，汉字也会在旁边注音。

《皇民日报》本身就是以日语教化为目的的媒体，该日报由京

图19 描绘在常会上遥拜京城的《明朗爱国班》，《朝光》1941年6、7月号

图20 堀万太郎：《漫画愉快的家族》，《皇民日报》创刊号，1942年6月25日

城日报社发行，团结朝鲜联盟事务局长在创刊号上刊发题为"使用国语向皇民看齐"的文章。文章中写道，"对于朝鲜半岛的同胞来说，如今已经到了关键的时刻。我们要打造通俗易懂的报纸"，"让人民每天都能够学习日语"，"在爱国班参与活动时，应常常在例会中把该报纸当作参考书和日语讲习的教科书"。（图21）因此在教科书中，报道都采用了敬语体，通过平实的日语和注音来书写。其中也有内容会特意标注"国语常用"的字样，如《漫画愉快的家族》中用片假名标记汉字读音。该作品也被当作"爱

图21 《使用国语 向皇民看齐》报道，《皇民日报》创刊号，1942年6月25日

国班"的日语教化工具，可以说该作品忠实地贯彻了当初"日语教化"的目的。

由上文可知，朝鲜的《翼赞一家》在当地采用了新形式，让"在朝日本人家庭"和"朝鲜人家庭"编为邻组，在参加"爱国班"这种国家宣传组织的同时，得到日语的教化。但目前还不明确这类以日语教化漫画为形式的"明朗爱国班"在当地的接受程度。

另外，目前还不明确在漫画或是漫画漫文之外《翼赞一家》的波及范围。我们只能确认用来展示的报道，在告示的广告类中还没有发现使用的例子。一方面在"团结战"的过程中，"朝鲜漫画人协会"的成立过程和"宣传局"有紧密的关系，在这一点上和日本国内是相同的。另一方面，不管是在日本国内还是在海外，漫画都被文化政策利用，从翼赞体制创立之时就成了宣传的工具。

本文主要阐述了对中国华北以及朝鲜的《翼赞一家》开展调查的范围及结果。从中我们可以了解到，《翼赞一家》思想在海外和日本国内是同时展开的，但同时作为文化工作的工具，在各地又根据当地的统治政策和政治状况，有各种各样灵活的表现形式，这可以说是"大东亚共荣圈媒体组合"的重要特征。

今后笔者也将持续对该内容进行调查，再向各位读者汇报。

中文版后记

关于我为何会写作本书的动机,已在序言中写过了,所以不再赘述。

书中,我的研究几乎没能涉及战时的媒体组合如何与战后的媒体组合产生联动,因此,关于这一点我想在后记中补充一下。

在日本一说起"媒体组合",人们印象最深的就是20世纪80年代,由角川春树和角川书店策划联动的《犬神家一族》电影与文库本小说的大规模宣传。然而正如学者马克·斯蒂伯格所指出的,"媒体组合"这一日式英语是20世纪60年代初围绕广告行业而出现的词语。马克·斯蒂伯格的论著《日本动漫的媒体组合:日本玩具与动漫角色的特许经营》(*Anime's Media Mix: Franchising Toys and Characters in Japan*,2012)将"媒体组合"导入动漫研究,开拓了该研究的新领域,但其研究目的本不在于对"媒体组合"历史的追本溯源,因此马克·斯蒂伯格未能指出该概念的一大渊源来自战时。

斯蒂伯格其实也注意到了这一点。电视动画《铁臂阿童木》于1963年1月1日开播,而几乎从同一时期开始,"媒体组合"这一词开始出现在BRAIN、《宣传会议》、《广告月报》等与广告行业相关的杂志的论文中,以及面向广告行业相关人员的专业书籍里。值得注意的是,当时的"媒体组合"不是指"内容",而是一种"商业广告"的多媒体展开理论。

《铁臂阿童木》是由手冢治虫的人气漫画改编成的动画片,但重要的是,通过改编成动画片,阿童木的形象被定位为其赞助商明治制果的商标。20世纪60年代,不仅《铁臂阿童木》与商业广告相结合,动画片《铁人28号》的主人公则代表着格力高,《风之富士丸》则代表着藤泽药品。斯蒂伯格研究的商品的赠品与用于促销的附赠贴纸等,其实也都是广告的一环,作为企业商标的动漫角色在这样的广告中得到曝光。如此想来,《翼赞一家》的媒体组合与角色多媒体展开的意义也就不言自明了。那就是:《翼赞一家》是大政翼赞会而非企业的宣传图标与"商业"角色。

如此一来,我们不由得重新思考在20世纪60年代前后倡导"媒体组合"的策划者们有何背景。他们之中有在战时经济统制和配给制度的语境中研究市场营销的经营学者深见义一,有在《战争与宣传》(时代社,1939年)中分析纳粹德国的宣传,并主张"广告宣传力总动员"论的粟屋义纯等人。这批人都是战时广告宣传研究的权威。

其中,最有趣的是新井静一郎撰写的《再论报纸广告作为媒体组合的决定性因素》(《广告月报》,朝日新闻社,1964年)。新井静一郎在战后被业界称为"广告之神",正如本书中所提到的,他与山名文夫等人是于1940年11月创立的"报道技术研究会"(简称"报研")的中心人物,也是构建战后日本广告业根基的人物之一。在"报研"中,新井等人进行了"国家报道"的实践和技术理论深化。本文还提到,要求"报研"实践与研究"国家报道",即投放国策广告的是大政翼赞会宣传部的花森安治。战时高度发达的宣传技术,正是"报研"与大政翼赞会协动的结果。

本书在第一章中提到"报研"将多媒体整合的宣传技术进行了理论化,这也是我现在的研究课题,虽然当时还没有"媒体组合"这个说法，但其理论和方法确实是新井等人的"报研"在战争时期确立的。

斯蒂伯格的媒体组合研究是从20世纪60年代初动画片《铁臂阿童木》的商业化开始的。重要的是在同一时期，以新井为首的战时宣传技术人员和宣传研究专家在战后开始提倡媒体组合。《阿童木》等动画片开始走向商业化与战时宣传家们开始提倡"媒体组合"发生在同一时期，这大约并非偶然。如此看来，"媒体组合"这一日式英语正确来讲应该算是战后对于战时宣传技术的补充命名。虽然在此无法一一举例，但战时媒体的方法论在战后大多被广告业和电视这一新兴产业继承。为了掩盖这些方法的真实来历，业界常常称之为从美国广告业引进的手法。然而，包括媒体组合这一手法在内，它实际上起源于战时日本。

为了描绘这种战时媒体组合的具体面貌，本书以《朝日新闻》为首，涉及了诸多战后依然存在的报纸、杂志和广告商，以及新井静一郎等战时与"报研"相关，在战后成为广告媒体界权威的人物。还有漫画界的酒井七马、长谷川町子和手冢治虫等人也不得不在书中实名登场。

其中，关于手冢治虫，我特意抽出了一章进行讨论。我可以说是看着手冢治虫的漫画开蒙和成长的。正因如此，如今我作为漫画界的一员，更自觉有必要在书中充分探讨手冢与《翼赞一家》的关系，我认为这也是手冢希望看到的。

手冢治虫在战争时代还是一位普通的少年，也是《翼赞一家》所动员的业余爱好者之一。正如本书开篇和结尾处所提到的，手冢治虫公开表示自己的出道之作是围绕《翼赞一家》的二次创作。这对于手冢来说，无疑是不愿提起的难言之隐。虽然没能找到这传说中的出道之作，但手冢私家版《直到胜利之日》在其生前就已经公开了，这是一部具有《翼赞一家》二次创作性质的作品。同时，手冢治虫的日记也在其生前公开出版了，从中可以隐约读出军国主义时期的少年手冢。

不少人将自己战争时期的言行彻底抹去或绝口不提，在这样的大环境下，手冢却并没有掩饰自己战时的表现，及其与自己战后言行的联系。手冢将这些隐含着对自己"不利"信息的发言和资料都主动保留了下来。手冢生前对所谓的漫画评论家采取了不屑的态度。有时我会觉得，这是他对于那些手握有力资料却不能读懂的人的讽刺。正因如此，我更认为应该真挚地考证手冢所展示的所有资料，试图理解他作为一个战时漫画少年的过往。

我一直主张我们战后的表达在很多时候能从战时找到根源。"御宅族"这个词是20世纪80年代在我年轻时做编辑的杂志上第一次出现的，我认为我有责任去追溯过往、验证"御宅文化"的生成史。

在中国也很受欢迎的动画以及漫画中的"御宅族"文化，其方法论与美学其实形成于战争时期。高畑勋正是在战后读了今村太平战时出版的动漫理论书《漫画电影论》，才立志成为动画制作人的（而且，战后迅速将本书再版的出版社真善美社，正是后来创设吉卜力工作室的德间书店的社长——德间康快的公司）。吉卜力工作室与战时的宣传动画《桃太郎·海之神兵》有很多共通的手法，以《哥斯拉》等作品而闻名的圆谷英二，其特殊的摄影技术也是在《夏威夷·马来海海战》等战时的战争电影中磨炼而成的。"铁道宅"们痴迷于火车头的美感，这一美学意象可以追溯至战时铁道部制作的以铁路为题材的"铁道部电影"。这样的具体个案不胜枚举。

然而，我绝不认为因为战时产生了这些表达，所以那场战争就具有正当性。我相信，以客观事实为依据，不否认对自己不利的要素，还有冷静地描绘历史的态度，正是现在的我们所强烈需要的。我甚至认为，唯有如此，才能真正跨越中日两国之间关于历史认识的巨大障碍。

在本书执笔过程中，蔡锦佳、秦刚、徐园、铃木麻记、宣政佑等人不仅为我提供了资料和调查方面的协助，还提出了很多宝贵建议。中文版卷末新收录了本书日文版发行后，基于在中、韩两国的调查而形成的新论考。我在韩国和在中国调查时，宣政佑先生、秦刚老师和徐园老师给予了我很大帮助，没有他们的帮助很多资料就无法发现。在此我想特别声明，本书得到了这些东亚的朋友的大力支持。其中，如果没有秦刚先生，本书是不可能完成的。他不仅为本书中文版的出版发行而奔走，还毫无保留地告诉我战时中国的报纸和杂志是战时漫画研究的重要资料库，并教会我具体的调查方法。

新日本漫画家协会的相关资料参考了埼玉市漫画会馆收藏的小川武的相关资料。此外，在日本国内的资料收集方面，我一直得到国际日本文化研究中心资料使用部门工作人员的支持。

在此对以上诸位表示深深的感谢。